KB192593

인생은 바라봄이다

인생은 바라봄이다

지은이 김인중
펴낸이 김명식
펴낸곳 (주)넥서스

초판 1쇄 발행 2014년 6월 1일
초판 7쇄 발행 2015년 4월 25일

출판신고 1992년 4월 3일 제311-2002-2호
121-893 서울시 마포구 양화로 8길 24
Tel (02)330-5500 Fax (02)330-5555

ISBN 978-89-6790-862-1 03230

www.nexusbook.com
넥서스CROSS는 (주)넥서스의 기독 브랜드입니다.

현 재 를 사 는 크 리 스 천 에 게 고 하 다

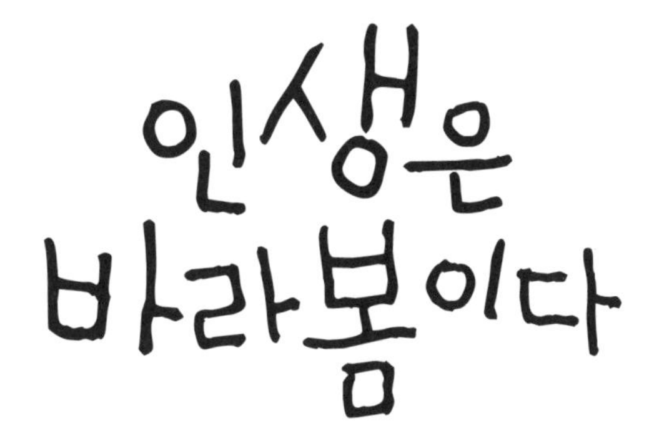

| 김인중 지음 |

넥서스CROSS

기다릴 줄 알라.
성급함에 밀리지 말고 정열을 잠재울 줄 알 때
인내의 위대한 정신이 드러난다.

| 저자의 글 |

인생, 기다림과 바라봄의 미학

이스라엘 사람들과 히말라야 고산족들은 양을 매매할 때 그 크기에 따라 값을 정하는 것이 아니라 양의 성질에 따라 값을 정한다고 합니다. 가파른 산비탈에 양을 놓아두고 살 사람과 팔 사람이 함께 지켜봅니다. 이때 어떻게 해서든지 비탈 위로 풀을 뜯으러 올라가는 양은 아무리 깡말랐을지라도 값을 후하게 쳐 주고, 살이 통통하게 올랐을지라도 비탈 아래로 내려가면서 편하게 풀을 뜯는 양은 값이 나가지 않는다고 합니다. 그 이유는 위로 올라가는 양은 현재는 힘이 들더라도 넓은 산허리에 이르게 되지만, 아래로 내려가는 양은 순간은 수월하나 결국엔 협곡 바닥에 이르게 되어 굶어 죽기 때문입니다.

이 이야기는 어느 아침, 운전 중에 무심코 켠 라디오에서 들었는데,

그 울림이 참 오래가는 이야기였습니다. 마치 우리의 인생을 말하는 것 같았습니다. IMF 이후 청년 실업의 문제는 해결될 기미를 보이지 않고, 가정 경제는 날이 갈수록 빠듯해져서 마치 밑 빠진 독에 물 붓기 같았습니다. 그래서 사는 게 사는 게 아니라는 사람들의 아픈 소리가 끊이질 않았습니다. 그래서 그런가요? 사람과 사람 사이의 정은 찾아보기가 힘들고 오직 자신의 욕구에 집요하리만치 집중하는 이 세대를 바라보면 안타까운 마음에 탄식이 절로 나옵니다.

17세기 스페인의 대문호이자 철학자인 발타자르 그라시안은 "신은 우리를 채찍으로 길들이지 않고 시간으로 길들인다."라고 했습니다. 그렇기 때문에 그는 인생을 잘 살아내기 위해서는 기다릴 줄 알아야 한다고 권면합니다.

> "기다릴 줄 알라. 성급함에 밀리지 말고 정열을 잠재울 줄 알 때 인내의 위대한 정신이 드러난다. 무엇보다 그대 자신의 주인이 되라. 그러면 다른 것도 지배하게 될 것이다. 길고 긴 시간을 거쳐야만 그대는 사물의 중심에 도달한다. 여기 위대한 말 한마디가 있다. '시간과 나는 또 다른 시간 그리고 또 다른 나와 겨루고 있다.'"*

---

* 발타자르 그라시안, 박민수 역, 《세상을 보는 지혜》, 아침나라, 2008.

인생은 '사람이 세상을 살아가는 일'을 말합니다. 이 짧은 문장에서도 알 수 있듯이 인생의 주체는 그 인생을 살아가는 사람입니다. 그래서 설령 상황이 쉽지 않더라도 그 인생을 대하는 사람의 마음과 태도에 따라 각각 다른 인생을 살게 되는 것이겠지요. 그래서 인생은 과정이 참 중요합니다.

인생의 절반 이상을 살아오면서 저 또한 제게 주어진 인생을 잘 살아내기 위해서 참 많은 노력을 했습니다. 불철주야 앞만 보고 쉬지 않고 달리고 또 달렸습니다. 그래서 얻은 것도 많지만 무조건 달리는 것만이 능사가 아니라는 것을 절실히 깨달았습니다. 그저 빨리 목표에 도달해야 한다는 조급함에 주변의 아름다움과 동료, 가족 그리고 무엇보다 달려야 하는 이유조차 잊어버릴 때가 종종 있습니다. 지금 이 사회는 모든 것이 풍요로운 것 같으나 결코 채워지지 않는 결핍 속에서 허덕이고 있습니다. 오로지 내 욕구, 내 마음만이 중요한 이 시대는 쉴 새 없이 행복을 부르짖지만 불행에 고통스러워하고 있습니다.

지금 이 시대에, 우리에게 필요한 것은 무엇일까요? '더 빨리, 더 많이'를 외치는 이 시대를 향해 저는 조금 천천히, 섬세하게, 기다리며 인생의 대장정을 준비하자고 이야기하고 싶습니다. 비록 짧은 다리로 언덕을 오르는 것이 힘에 겨울지라도 저 멀리 산중턱의 푸른 초장을 기대하며 열심히 산을 오르는 지혜로운 양들처럼 말입니다.

이 책은 할 수 있는 한 최선을 다해 현재를 살아가는 젊은이들의 입장과 마음을 이해하려고 노력했습니다. 그리고 치열했던 제 젊은 날을 떠올리며 지금 이 시대를 사는 젊은이들과 허심탄회하게 인생에 대한 대화를 하고자 하는 마음을 담았습니다. 애쓰고 노력해도 꿈을 이루기에는 그 문턱이 너무 높아 방황하고 절망하는 이 시대의 청년들에게 조금이나마 삶의 지혜를 나누고 용기를 줄 수 있다면 앞으로 살아갈 제 인생이 더 없이 풍요로울 것 같습니다.

목양실에서
김인중

| 차례 |

3단계 • 현실 앞에서 무기 정비

4단계 • 현실과 정면 돌파

'다다익선'을 외치는 세상에서
안전하게 살 수 있는 최고의 가치는,
하나님의 자녀만이 취할 수 있는 자녀 됨의 권세입니다.

1단계

현실과 마주 서기

바야흐로 센스의 시대

모처럼 교육국 사역자들과 함께 식사 자리를 마련했습니다.
장소 예약을 위해 메뉴를 묻는 비서에게 평소처럼 말했습니다.
"교회 앞 추어탕으로 예약해!"
그런데 비서가 가만히 저를 쳐다보고 있길래 물었습니다.
"왜?" 생각해 보니 교육국 사역자들은 20~30대 초반인데다가 여성 사역자들이 반 이상이었습니다. 다행히도 비서의 도움으로 최대한 이동 시간을 절약하려는 내 입장과 젊은 사역자들의 기대에 맞는 장소를 찾을 수 있었습니다.

센스를 말하다

바야흐로 요즘을 '센스의 시대'라고 해도 과언이 아닙니다. "그 사람 센스가 있어!", "아, 이 사람 참 센스 없네!" 이 두 문장이면 그 사람에 대한 설명이 가능합니다. 지금 이 책을 읽고 있는 그대는 어디에 속하십니까?

'센스'의 사전적 의미는 "어떤 사물이나 현상을 이해하고 판단할 줄 아는 감각"입니다. 그래서 "센스 있네!", "감각 있네!"라는 말은 같은 의미로 사용됩니다. 일상에서는 '센스'를 이렇게 적용할 수 있습니다. '그때그때 상황에 맞게 반응할 수 있는 능력.' 그렇다면 저는 아주 센스 있는 사람입니다. 30년 이상 목회를 하다 보니 각양각색의 성격과 사연을 지닌 사람들을 참 많이 만났습니다. 사람들의 이야기를 듣고 마음을 나누며 30여 년을 사는 동안 본의 아니게 '촉'이 발달하게 되더군요. 그 덕분에 지금은 사람들이 "목사님!" 하고 부르는 목소리와 표정만 봐도 대략 느낌이 옵니다. 오랜 세월 동안 사람들의 필요를 살피다 보니 센스도 느는 것 같습니다.

'감각'이나 '촉' 말고도 센스를 의미하는 익숙한 말이 하나 더 있습니다. 예로부터 평범한 우리 일상에 딱 붙어 있는 말인데, '눈치'입니다. 과거에는 이 말이 다소 부정적으로 쓰였지만 '센스'를 표현하기에 이만한 말도 없습니다. 눈치의 본래 뜻은 "남의 마음을 그때그때 상황을 미루어 알아내는 것"입니다. 그래서 '눈치를 본다, 눈치가 있다'는 말은 '센스가 있다'는 말과 같은 맥락입니다. 눈치가 빠른 사람과 함께 있으면 편안하고 즐겁습니다.

교회 안에서 자주 쓰는 말에도 센스를 의미하는 단어가 있습니다. 바로 '분별력'입니다. 혼미하고 혼란한 상황 속에서 영적 분별력이 있는 사람과 함께할 때 우리는 믿음을 지키고 하나님에게 집중할 수 있는 지혜를 얻습니다. 이처럼 센스라는 말의 쓰임은 생각보다 다양하고 일상과 친숙합니다. 그리고 참 좋은 말입니다.

그런데 최근에는 센스라는 말이 너무 외적인 것에만 치중되는 것 같아 아쉬운 마음이 듭니다. 도대체 언제부터 '센스가 있는 것'과 '없는 것'이 능력의 기준이 되었을까요? 언제부터 "센스 없다!"는 말을 들으면 '뒤떨어지는구나!'라고 생각하게 되었을까요? 굳이 남 탓을 하자면 쇼윈도(show window) 라이프에 중독된 세상의 흐름 때문이지 않나 싶습니다.

센스를 왜곡시킨 쇼윈도 라이프

첫째, 브랜드에 집착하는 소비문화입니다. 브랜드 자체가 상품이 되고 문화가 되면서부터 센스의 본래적 의미는 사라지고 외적인 감각만 강조하는 세상이 되었습니다.

한 예로 커피 이야기를 해 볼까요? 요즘 젊은이들 사이에서 스타벅스 브랜드를 모르면 간첩입니다. 강남은 고사하고 제가 사는 안산 중앙동 근처만 가도 이 커피를 들고 다니는 젊은 청년들이 부지기수입니다. 자판기 커피가 한 잔에 300원인데, 스타벅스 커피는 한 잔에 4,000원을 웃돕니다. 점심은 김밥 한 줄 먹으면서 커피는 꼭 브랜드 커피를 마시는 게 요즘 감각 있는 사람들의 라이프 스타일이라고 합니다. 비싼 커피를 마셔서가 아니라 스타벅스라는 브랜드를 소비할 줄 아는 사람이라서 감각이 있다고 하는 것입니다.

마치 이런 느낌입니다. '노스페이스 점퍼를 입는 중학생, MCM 백팩을 메는 고등학생, 스타벅스 커피를 즐기는 대학생들끼리'는 말하지 않아도 서로의 감각적 수준을 짐작할 수 있다고 합니다.

깊은 대화를 하기도 전에 '문화적 센스가 맞으면 통한다.'고 생각하기 때문에 일단은 서로를 인정하고 공감대를 이루는 것입니다.

이처럼 사람들은 형편에 맞지 않는 소비를 하면서도 사치스럽다고 생각하지 않고 그 물건이 자신의 가치와 품격을 높여 준다고 착각합니다. 그래서 할 수만 있다면 감각적인 무리에 속하려고 스타벅스 커피처럼 누구나 다 알 만한 브랜드를 선택합니다.

둘째, 스마트함이 주는 양면성입니다. 스마트폰을 필두로 태블릿 PC 등 우리 생활 속에, 스마트 기기가 들어오면서 사는 게 참 편리해졌습니다. 언제, 어디서든 궁금한 것은 바로 찾아볼 수 있고, 갖고 싶은 것은 쉽게 구매할 수 있으며, 사람들이 무엇을 원하고 무엇에 열광하는지도 금방 알 수 있습니다.

뿐만 아니라 스마트 기기의 기술이 빠르게 발전하면서 우리가 기계에 익숙해지기도 전에 새로운 기계들이 쉴 새 없이 쏟아지고 있습니다. 그 속도만큼 인간의 욕망도 빠르고 강하게 끓어올라, 최고의 브랜드, 가장 빠른 인터넷, 세련된 디자인을 두루 갖춘 스마트 기기를 소유하고 싶은 욕망이 소비를 부추깁니다. 가장 최신 기기를 가졌다는 자기만족을 위해서 오늘도 새로운 기종과 속도에 열광하며 인터넷 서핑을 즐기는 그대는 행복하십니까?

'센스'라는 말이 갖고 있는 본연의 의미는 관계와 삶의 유연함 속에서 빛을 발하는 능력입니다. 그런데 왜 우리는 센스가 지닌 본래의 의미에는 관심을 두지 않고, 오직 소비를 통한 외적인 자기과시에만 센스를 발휘하려고 할까요?

셋째, 그 이유가 있습니다. 사단은 포장된 욕망의 새 이름으로 센스를 선택했습니다. 모든 사람에게는 바라고 기대하는 그 무언가가 있습니다. 그것이 비전일 수도, 사랑일 수도, 인간관계일 수도 있습니다. 그리고 이것을 어떻게 채우느냐에 따라 더 행복할 수도 있고, 덜 행복할 수도 있습니다. 그런데 참 안타까운 것은 언젠가부터 인간의 열망이 물질에 국한되고 있다는 겁니다.

물론 브랜드가, 스마트한 세상이 우리에게 화려함과 편리함을 주는 것은 사실입니다. 그런데 언제부턴가 우리는 브랜드의 멋스러움을 누리며 스마트한 세상을 주도하는 것이 아니라, 그 뒤를 좇아가기에 바쁜 자본주의의 노예로 전락해 가고 있습니다. 그 브랜드를 갖기 위해 카드 빚에 허덕이고, 스마트한 세상을 즐기느라 인간 본연의 스마트함과 창조성을 잃어버리고 있습니다.

더 슬픈 것은 사람 그 자체를 존귀하게 여기기보다는 몸에 지니고 있는 상품에 따라 사람을 등급 매기는 말도 안 되는 세상에 살고 있다는 것입니다. 그래서 우리가 더 외로운 것입니다.

상품을 통해 특정 계층에 속한다는 사실을 과시하는 것을 '파노플리 효과'*라고 합니다. 계급적 차이를 드러내는 '구별짓기'라고도 할 수 있는 이러한 세속적 흐름은 편리함과 세련됨을 주는 대신 인간의 존엄성을 빼앗고 가치관을 파괴하고 있습니다.

그런 현실에서 살아야 한다면

첫째, 우리는 세상 속의 그리스도인으로 사는 능력을 연마해야 합니다. 김두식 저자의《교회 속의 세상, 세상 속의 교회》라는 책이 있습니다. 제목에서 알 수 있듯이 교회가 세상 속에 있어야 하는데, 세상이 교회 속에 있다는 안타까운 이야기를 하는 책입니다. 물론 저자는 오래된 그리스도인입니다. 세상을 따라 사는 사람들은 세상이 요구하는 것을 좇아 사느라 겉은 화려하고, 멋진 가죽 지갑을 들었어도 그 지갑을 채울 현금이 없는 자신의 개털 같은 신세가 한스럽다고 합니다. 센스 있게 신상 가방을 사긴 했지만 흠집 안 나게 겨우 몇 번 들다가 다시 중고 시장

---

* 파노플리 효과 : 파노플리는 집합이라는 뜻이 있으며, 개인이 소유하고 있는 상품을 통해 특정 집단에 속하는 현상을 말함.

에 내다 팔고 카드 값을 갚아야 하는 자신의 처지가 너무 처량하다고 합니다. 멋진 옷을 입고 폼 나게 센스를 뽐내며 사는 것, 저도 좋습니다.

그러나 그리스도인들조차 외적인 센스를 뽐내는 것에 열중한다면, 그래서 하나님을 모르는 사람들보다 더 탐욕스럽게 살아간다면 세상의 비난을 어떻게 감당할 것이며, 하나님이 주신 사명을 어떻게 이룰 수 있겠습니까?

그리스도인들이 가장 먼저 추구해야 할 센스는 '영적 센스'입니다. 영적 센스가 없다면 우리 또한, 센스라는 이름으로 포장된 욕망의 노예가 되어 날마다 부족한 것을 탓하며 비극적인 인생을 살 것입니다. 하나님은 우리를 "세상의 빛"이라고 말씀하셨습니다. 하나님은 진리를 따르며 올바른 삶과 인격을 통해서 믿지 않는 사람들에게 복음의 빛을 발하라고 우리를 부르셨습니다.

세상이 아무리 우리를 유혹하고 혼란하게 할지라도, 분별력과 판단력을 가지고 하나님의 음성에 귀를 기울이며 바른 선택을 하는 것이 지혜의 본질입니다. 물질만능주의가 이야기하는 외적인 센스에만 집중하는 마음을 버리고, 영적 센스와 영혼을 살필 줄 아는 센스를 소유할 때, 비로소 우리는 세상 속에서 교회의 본질을 지킬 수 있습니다.

둘째, 새 부대로 갈아입는 과감한 도전이 필요합니다. 세련된 옷을 입은 분별력을 준비하고 발휘해야 합니다. 한국은 문화적인 수용과 교류가 상당히 빠른 나라입니다. 그리고 이제 한국은 문화를 수입하는 나라가 아니라 수출하는 나라가 되었습니다. 이런 관점에서 한국 교회를 본다면 분명 아쉬운 부분이 있습니다. 그렇다고 세속적인 것을 받아들여야 한다는 것이 아닙니다. 세상의 흐름과 코드를 알고 그들의 스타일을 인정하며 복음을 제시하는 센스가 필요하다는 것입니다. 세상의 것은 모조리 세속적이라는 비난을 전제로 대화를 시작한다면 이미 벽을 사이에 두고 있는 것과 같습니다. 마치 '예수 천당 불신 지옥'이란 말이 맞는 말임에도 불구하고 그 의미가 잘 전달되지 않는 것과 같습니다.

아직도 세상의 많은 사람은 '성실한 그리스도인'을 융통성도 부족하고, 센스도 없는 고집불통의 촌스러운 사람이라고 생각합니다. 이는 예수님과 그분을 믿는 사람들의 삶을 소개하는 우리의 방식이 많이 서툴고 고집스럽기 때문입니다.

더 나은 방법을 고민하고 연구해야 할 필요가 있습니다. 조금 더 부드럽고 센스 있는 태도 그리고 공감과 수용의 능력으로 믿지 않는 사람들의 사고와 감정의 세계를 공감하려고 애쓰며 그들과 함께 나누려는 노력이 필요합니다. 겸손하고 세심하게 도전하는 행동이야말로 올바른 '상황화'라고 할 수 있습니다.

소통을 외치는 불통의 시대

얼마 전 해외에 있는 큰아들이 셋째 딸을 낳았습니다.
옛날 같으면 가지 못해 애달픈 마음만 가득했을 텐데, 요즘은 영상통화 덕에 언제든지 볼 수 있어서 얼마나 신기한지 모릅니다. 제 엄마를 닮아 영락없는 미스코리아감입니다.
이젠 오랜만에 만나는 손주들이 저를 향해 "저 할아버지는 누구야?"라고 묻지 않을 테니 한시름 놓았습니다.

소통을 말하다

세상이 참 많이 달라졌다는 것을 느낍니다. 휴대전화가 처음 나왔을 때도 그랬지만 요즘은 세상이 발전해도 너무 많이 발전했습니다. 예를 들어 휴대전화가 없던 시절에는 집 떠난 자녀들이나 형제들과 통화 한 번 하기가 쉽지 않았는데, 지금은 전 세계 어디를 가든지 문자는 물론이고 영상통화와 사진으로 실시간 만날 수 있게 되었습니다. 스마트폰 하나만 있으면 세계인을 친구 삼아 순식간에 내가 하고 싶은 이야기를 지구촌 전역에 전할 수 있습니다. 마음만 먹으면 언제 어디서든 소통할 수 있는 방법이 아주 다양해졌습니다.

그런데 참 이상한 것은 소통의 방법이 부족했던 과거보다 요즘이 오히려 소통의 어려움을 토로하는 것 같습니다. 집, 교회, 직장 어디를 가든지 소통이 안 되서 답답하다는 이야기를 자주 듣습니다. 소통은 "막히지 않고 잘 통하는 것, 뜻이 서로 통하여 오해가 없는 것"을 말합니다. '말이 통한다, 마음이 통한다, 생각이 통한다'는 이 시대의 화두, 소통을 그대는 막힘없이 잘하고 있습니까?

"다른 사람의 고통을 함께 아파하는 지구상의 유일한 생명체"* 는 사람이라고 합니다. 그래서 그런지 우리는 사람들과 대화를 하고 마음을 나누기 원합니다. 그 시간을 통해 기쁨을 느끼고 회복을 경험하기 때문입니다. 저는 '소통'이란 '관계를 유지하고 잘 풀어가는 능력'이라고 생각합니다. 사람과 사람이 서로 말을 주고받는 것을 '의사소통'이라고 합니다. 이 네 글자 중에서 특히 '통'(通)이 가장 중요합니다. 왜냐하면 '의사소통'을 한다는 것은 단순히 말로 표현되는 글자를 주고받는 것이 아니라, 그 말에 담긴 의미와 느낌, 감정을 주고받는 것이기 때문입니다.

---

* 최준영, 《결핍을 즐겨라》, 수수밭, 2014.

구슬이 서 말이라도 꿰어야 보배가 되듯이 내가 아무리 심오한 뜻과 생각을 갖고 있다 해도 서로 통하지 않으면 아무런 영향을 끼칠 수 없습니다. 그래서 우리는 소통 때문에 살기도 하고 죽기도 합니다.

일상생활에서 소통의 기능을 잘 담고 있는 것 중의 하나가 '수다'입니다. 하지만 우리는 예로부터 말을 많이 하는 것이 좋지 않다는 문화 속에서 살았기 때문에 '수다'에 익숙하면서도 '수다스럽다'는 말을 꺼려 합니다. 밥상에 앉아서 가족들 간에 대화를 하며 친밀감을 나누는 서양 사람과는 달리 우리는 밥상에서는 조용히 밥만 먹는 것이 식탁 문화의 바른 예라고 배웠습니다. 그러나 지금에 와서 가만히 생각해 보면 부모와 자식 간에 편하게 앉아서 얼굴을 마주하며 대화하고, 서로의 생활을 엿볼 수 있는 시간이 식사 때 말고는 없었던 것 같습니다. 너무 귀한 시간을 우리 스스로 억압하고 하찮게 여긴 것 같아서 참 안타깝습니다.

여전히 불통의 습관에 젖어 있는 라이프

저는 성도들에게 "코 밑이 즐거워야 마음이 열린

다."는 말을 자주 합니다. 사람이 자주 함께 음식을 먹다 보면 편해지고 편해지면 묵혀 두었던 마음을 쏟아 놓게 됩니다. 그러다 보면 서로의 말은 물론이거니와 마음까지 들을 수 있는 귀가 열립니다. 이것을 '공감'이라고 합니다. '공감'이란 내가 상대방의 처지가 되어 보는 '역지사지'(易地思之)의 마음입니다. 대부분의 사람은 답을 얻기 위해 이야기하기보다 마음을 얻기 위해 이야기한다고 해도 과언이 아닙니다. 먼저 그 마음을 진심으로 받아 준 후에 시시비비를 가리고 가르쳐도 늦지 않습니다.

그런데 요즘 이런 생각이 듭니다. '우리가 불통의 시대에 사는 이유가 소통에 대한 방법을 몰라서일까?' 소통 전문가라는 직업이 있을 정도로 소통에 대한 관심이 많다는 것은 불통이라는 분명한 원인만큼이나 소통에 대한 정보도 풍부하다는 것을 말해 줍니다. 그런데도 여전히 소통이 불통이 되는 이유가 무엇일까요?

첫째, 지독한 자기중심성 때문입니다. 대부분의 사람은 이야기하기를 좋아합니다. 특히 자기가 이야기를 주도하고 자신을 인정해 주는 말을 듣고 싶어합니다. 그래서 어떤 사람은 늘 대화의 중심에 서서 거의 혼자 이야기하다시피 합니다. 함께 앉아 있는 사

람들의 마음은 어떤지, 어떤 이야기를 나누고 싶어 하는지는 관심도 없고, 오직 자기가 하고 싶은 이야기만 하려는 사람을 만나면 힘이 듭니다. 게다가 그 사람이 남의 일에 참견하는 것을 좋아하기라도 하면 그날은 정말 최악입니다. 그 사람과 함께하는 시간은 그저 그 사람을 위한 봉사의 시간이 될 뿐입니다.

소통은 서로가 서로의 말에 귀를 기울이고 마음을 공감하며 통할 때 온전해집니다. 정말 소통하기를 원한다면, 자기중심성을 버리고 상대의 표정과 모습을 살피며 그의 말에 귀를 기울이는 노력을 해야 합니다. 듣는 척, 공감하는 척이 아닌 진심으로 상대에게 집중하려 애쓰면 그가 말하려는 본질이 들리고 느껴집니다.

둘째, '우리가 남이가?'의 폐단에 빠져서 건강한 소통을 미루기 때문입니다. 우리나라 사람들이 자주 하는 말 중에 '우리가 남이가?'가 있습니다. 피 한 방울 섞이지 않았는데도 형제요, 가족이라고 하는 것 같아서 참 듣기 좋습니다. 그런데 이 말이 올무가 될 때가 있습니다. 때로는 조금 부담스럽지만 허심탄회하게 이야기를 해야 할 때도 있고, 또 어떤 때는 질서와 권위 아래서 분명하고 명확하게 이야기를 해야 할 때도 있습니다.

그러나 '우리가 남이가?'라는 말 때문에 진지하고 소신 있게 말하려는 마음가짐이 흐트러지고, 하려는 말의 의도가 희석되는 경우가 종종 있습니다. 그래서 정서적인 결속력을 강조하는 이 말이 결국 정서적인 간격을 벌리고 답답함을 느끼게 합니다. 소통은 그 말의 의미가 분명하게 전달될 때 순기능을 발휘합니다. 그래서 때로는 '우리가 남이가?'의 선을 넘는 용기가 필요합니다.

건강한 의사 표현을 해야 한다는 말입니다. '건강한 의사 표현'이란 "관심과 신뢰를 기반으로 서로 간에 정직하고 진실하게 반응하는 것"을 말합니다. 막힘과 오해 없이 원활하게 소통하기 위해서는 가장 가까운 사람의 말에 귀를 기울여야 하며, 가장 가까운 사람에게 직언도 할 수 있어야 합니다. 〈잠언〉 12장 15절에 "미련한 자는 자기 행위를 바른 줄로 여기나 지혜로운 자는 권고를 듣느니라"는 말씀이 있습니다. 비록 듣기 부담스러운 이야기일지라도 진심을 다해 꺼내 놓는다면 마음을 열고 들어야 합니다. 무엇을 말하고 싶어 하는지, 왜 그런 마음이 들었는지를 묻고 들을 수 있는 용기가 필요합니다. 관계가 깨어질까 두려워 묻어 둔다면 결국 그 묻어 둔 것 때문에 소통의 통로가 막히고 관계는 더 소원해지고 악화될 것입니다.

듣기 좋은 것만 들으려 하고 듣기 좋은 말만 하려는 것은 상대방을 무시하는 행동이며 부주의한 태도입니다. 이런 태도를 버리지 않는 한 우리는 늘 불통의 체기를 느끼며 답답함 속에서 살아가게 될 것입니다.

막힌 세상에서 시원하게 살아가려면

첫째, 진심입니다. 요즘 유행하는 말 중에 '영혼 없는……'이라는 말이 있습니다. 인정하지 않으면서 인정하는 척하는 반응이나 말들을 가리켜 하는 표현입니다. 일반적으로 가까운 사람들끼리 웃고 즐길 때 사용하는 표현이지만, 솔직히 직장이나 윗사람과의 대화에서 가장 많이 나타나는 속마음이기도 합니다. 영혼 없는 반응의 다른 표현은 위선과 거짓으로 포장된 접대용 반응이라고 할 수 있습니다. 이런 만남은 결코 진심을 주고받을 수가 없습니다.

불통의 체증을 시원하게 해결하기 위해 지금 이 시대에 가장 필요한 것은 진심입니다. 상대가 누구든 진심으로 대해야 합니다. 비록 내 마음을 흡족하게 해 주지 못하는 사람일지라도 내가 먼저 진심으로 상대를 대하면 언젠가는 반드시 통하는 날이 옵니다.

진심의 힘은 우리가 생각하는 것보다 훨씬 강합니다. 강하게 밀어붙이는 논리적이고 똑똑한 말보다 서툴지만 진심이 담긴 한 마디 말이 통하는 법입니다. 특히, 어려운 관계일수록 더 그렇습니다. 하나님은 우리가 사람들 속에서 소통하고 사랑하며 살기를 원하십니다. 혹시라도 내가 이런 말을 했을 때 관계가 깨어지거나 불이익을 당할까 두려워하지 말고 진심을 다해 사랑의 마음으로 만난다면 진정한 소통을 경험할 수 있습니다. 온전한 사랑은 두려움을 이긴다고 야고보는 말하고 있습니다.

"사랑 안에 두려움이 없고 온전한 사랑이 두려움을 내쫓나니 두려움에는 형벌이 있음이라 두려워하는 자는 사랑 안에서 온전히 이루지 못하였느니라" **-요한1서 4장 18절**

그리고 이미 불통의 어려움을 겪고 있는 사람이라면 힘들겠지만 용기를 내서 직접 만나야 합니다. 천 냥 빚도 말 한마디로 갚는다고 했습니다. 여기서 '말 한마디'란 직접 만나서 해결하는 것을 의미합니다. 아무리 어렵고 불편한 관계일지라도 만나서 서로의 얼굴과 표정, 몸짓, 말의 의미를 나눌 때 진심은 전달됩니다. 간혹 용기가 안 나서 e-메일이나 문자로 소통하려는 사람이 종종 있는데, 자칫하면 더 큰 오해를 일으킬 수도 있습니다. 'SEND'(보내기)가 'END'(끝)가 될 수 있습니다.

둘째, 듣는 것을 즐겨야 합니다. 사실 저도 이게 잘 안 됩니다. 변명을 하자면 너무 바빠서 다 듣고 있을 시간과 여유가 없습니다. 그리고 또 대부분의 이야기는 끝까지 듣지 않아도 무슨 말을 하려는지 뭐라고 답을 해 줘야 할지 알 것 같은 마음이 들 때도 솔직히 많습니다.

그러나 소통의 핵심은 잘 듣는 데 있습니다. 일단은 그 사람을, 그 상황을 이해하기 위해서는 잘 들어야 합니다. 〈야고보서〉 1장 19~20절에 이런 말씀이 있습니다.

> "내 사랑하는 형제들아 너희가 알지니 사람마다 듣기는 속히 하고 말하기는 더디 하며 성내기도 더디 하라 사람이 성내는 것이 하나님의 의를 이루지 못함이라"

하지만 우리 대부분은 듣는 것보다 말하는 것이 훨씬 더 익숙하고, 듣기보다는 말하기를 더 좋아합니다. 그러나 소통을 원한다면 일단 잘 들어 주고 잘 살펴 주는 것이 중요합니다. 좋은 질문과 그에 따른 적절한 반응은 백 마디 멋진 말보다 소통의 효과를 높이는 역할을 합니다.

인간(人間)이란 본래 '사람 사이'란 뜻입니다. 우리 삶의 모든 문제는 사람 사이에서 생겨나고, 우리는 모두 사람 때문에 힘이 들고, 또 사람 덕분에 힘을 얻습니다. 그래서 그런지 사람에 대한 신뢰는 대수롭지 않은 말 때문에 무너지기도 하고, 아주 사소한 감정 부스러기에 상처가 나기도 합니다. 그래서 어떨 때는 잘 모르는 사람과 함께 있는 것이 더 편안하고 안정감을 느끼기까지 합니다.

무엇이든 느끼는 대로 원하는 것을 표현하는 시대에 살고 있으면서도 막힘없이 시원하게 소통하는 것이 쉽지 않은 것을 보면, 여전히 우리에게는 소통을 위한 노력이 더 많이 필요한가 봅니다.

돈을 위해 사는 시대

몇 해 전, 청년부 예배 설교 중에 "한 번이라도 복권을 산 사람은 손들어 보세요?"라고 물었더니 20명 정도가 손을 들었습니다. 그때는 젊은 사람들이 열심히 일해서 벌 생각은 안 하고 요행만 바란다고 한 소리 했지만, 그 후 형편이 어려운 사람들이 계속 찾아오고 도울 방법이 없을 때면 복권이라도 사서 기도해야 하나 싶을 때가 있습니다.

돈을 말하다

돈벼락 맞는 꿈을 꾼 적이 있습니까? 복권 1등 당첨되면 가장 먼저 무엇을 하고 싶습니까? 돈은 우리에게 꼭 필요한 것입니다. 가족이 있다면 더더욱 그렇습니다. 최대한 검소하게 살더라도 자녀를 낳고 키우려면 적지 않은 돈이 들어가기 때문입니다. 게다가 나이 드신 부모님이 갑자기 병에 걸리기라도 하면 예상하지 못한 큰돈이 필요하게 됩니다. 이뿐인가요? 집값은 천정부지로 치솟는 등 가만히 있어도 여기저기서 돈 달라고 난리입니다. 돈 쓸 일은 많은데 돈은 부족하고 돈 때문에 힘들 때가 종종 있습니다. 그래서 돈 걱정만 없으면 행복하겠다는 말을 입에 달고 사는 사람이 꽤 많습니다.

그런데 정말 돈만 있으면 행복할까요? 돈이 없어서 힘들고 돈이 있어서 안 힘들다고 생각한다면 그거야말로 큰 착각입니다. 많고 적음과 상관없이 '돈'은 그 자체가 어렵고 힘든 존재입니다. 왜냐하면 돈에는 힘(power)이 있기 때문입니다. 예수님은 '부'(富)에 대하여 말씀하실 때 종종 아람어인 '맘몬'(mammon)을 사용하셨습니다. 이때 사용한 맘몬은 인격적이고 영적인 속성을 가지고 있어서 늘 우리를 지배하려고 우리 주변을 맴돌며 쫓아다닙니다. 돈은 어떻게 해서든지 우리의 마음을 사로잡으려 합니다. 그래서 '돈', '돈' 하는 세상에서 정신 안 차리면 돈이 모든 것의 근원이라는 거짓을 믿으며 살게 됩니다.

돈 라이프? 예수 라이프!

예수님이 하나님 나라 다음으로 가장 자주 말씀하신 주제는 '돈'입니다.

"삼가 모든 탐심을 물리치라 사람의 생명이 그 소유의 넉넉한 데 있지 아니하니라" -누가복음 12장 15절

"너희는 하나님과 재물을 겸하여 섬길 수 없느니라" -누가복음 16장 13절

"너희를 위하여 보물을 땅에 쌓아 두지 말라" -마태복음 6장 19절

"낙타가 바늘귀로 들어가는 것이 부자가 하나님의 나라에 들어가는 것보다 쉬우니라" -마태복음 19장 24절

이 외에도 많습니다. 돈에 대한 예수님의 가르침은 명백하면서도 엄격합니다. 그렇다고 돈은 무조건 나쁘니 벌지도 말고 쓰지도 말라는 것이 아닙니다. 예수님은 두 가지 측면에서 돈에 대하여 가르치셨습니다.

첫째, 예수님은 돈의 밝은 면을 말씀하셨습니다. 살다 보면 급하게 돈이 필요할 때가 있습니다. 그런데 통장이 마이너스라면 어떻게 해야 할까요? 당장 돈을 빌려 줄 수 있는 사람에게 재빠르게 전화를 하거나 은행을 찾아가야겠죠. 하지만 그 전에 기도해야 합니다. 급할수록 기도해야 합니다. 정말 그 돈이 필요한지, 어떻게 준비해야 하는지 하나님에게 묻고 주시는 응답에 따라 움직이면 염려가 아닌 기대감이 생깁니다. 목사니까 하는 말이 아닙

니다. 돈 때문에 힘들었던 이야기를 하자면 저도 만만치 않습니다. 저라고 왜 불안한 마음이 없고 인간적인 계산이 없겠습니까? 하지만 67년을 살면서 어떻게 하면 더 빠르고 현명하게 문제를 해결하는지 경험해 봐서 알기에 하는 말입니다.

절대 먼저 사람의 방법을 택하지 마십시오. 사람의 방법을 따르다 보면 처음에는 잘 풀리는 듯하다가도 어느새 다 엉켜서 헤어 나오기 어려운 상황에 처하기 십상입니다. 그 순간은 다급하고 불안해도 기도하며 믿음으로 사는 사람들은 돈 덕분에 하나님

과 더 깊은 관계를 맺고 신뢰를 배워 갑니다. 광야에서 이스라엘 백성을 먹이시던 하나님을 기억해 보십시오. 만나를 주시면서 하나님은 딱 하루 먹을 분량만 거두라고 하십니다. 하지만 늘 돈 걱정에 매여 살던 그들은 넉넉히 거둬 쟁여 두려 합니다. 결과는 어떻게 되었습니까? 썩어서 먹을 수 없게 되었습니다.

하나님은 왜 그렇게 하셨을까요? 세상의 삶에 익숙한 그들에게 하나님의 방식을 알려 주기 위해서였습니다. 돈의 주인은 세상이 아니라 하나님이십니다. 그러니 이제는 돈이 필요하면 괜히 다른 데 가서 마음 상하지 말고 가장 먼저 하나님에게 가십시오. 하나님과 함께 돈의 문제를 풀어가는 시간이 쌓이고 쌓이면 돈으로부터 자유 할 수 있고, 오히려 돈 덕분에 견고한 믿음 위에 서게 됩니다.

둘째, 돈이 가진 어두운 면입니다. 돈이 가지고 있는 어두운 특성 중 가장 강력한 것은 '탐욕'입니다. 가지고자 하는 열망만큼 인간을 파괴시킬 수 있는 강한 힘도 없습니다. 돈은 성격상 악마적인 힘이 강합니다. 예수님은 〈마태복음〉 6장 24절에서 "너희가 하나님과 재물을 겸하여 섬기지 못하느니라"고 말씀하십니다. 이 말씀을 통해서 알 수 있는 것이 무엇입니까? 돈은 탐욕으로 우리를 다스리는 우상이라는 것입니다. 그래서 모든 일에 있어서 하나님보다 돈을 우선시 하는 사람은 교회는 다니고 있으나 하나님이 아닌 돈을 섬기고 있는 것입니다. 십일조도, 감사헌금도, 구제도 정말 돈이 없어서 못하는 사람보다는 쓰고 남을 만큼 충분하지 않아서 안 하는 사람이 더 많을 것입니다.

성경을 보면 보잘것없는 것이지만 전부를 드린 사람들이 있습니다. 객관적인 액수로 보면 정말 형편없는 돈이지만 예수님은 그들을 칭찬하십니다. 왜죠? 욕심을 따라 계산하거나 감추지 않고 기꺼이 필요를 따라 나누었기 때문입니다. 반면에 많은 재물을 드렸지만 책망받는 사람들이 있습니다. 가진 것을 계산하고 여전히 쌓아 두려 했기 때문입니다. 돈을 계산하고 쌓아 두는 사람은 그만큼 돈을 사랑하고 돈에서 안정감을 얻으려 합니다. 〈디모데전서〉 6장 10절에 이런 말씀이 있습니다.

> "돈을 사랑함이 일만 악의 뿌리가 되나니 이것을 탐내는 자들은 미혹을 받아 믿음에서 떠나 많은 근심으로써 자기를 찔렀도다"

돈을 사랑하는 사람은 돈을 얻고 그것을 꼭 쥐기 위해서 악한 일도 서슴지 않습니다. 자식이 재산 때문에 부모를 죽이고 남편이 아내를, 아내가 남편을 보험금 때문에 죽이는 일은 이제 특별한 뉴스도 아닙니다. 돈이 우상이 되고, 돈이 권력이 되고, 돈이 전부인 사람들은 슬프지만 이렇게 삽니다.

돈은 예수 그리스도의 피로 정복되고 구속되어야 할 정사와 권세들 가운데 하나입니다. 우리가 하나님에게만 있는 절대 주권을 돈에도 선포하고 인정하지 않는다면 돈이 많든 적든 돈의 노예가 되어 고통 속에서 살게 될 것입니다. 돈이 우리를 조정하고 휘두를 것입니다. 리처드 포스터는 "돈이나 애지중지하는 것을 그냥 놓아버리기만 해도 우리 내면에서 대단한 일이 일어난다. 탐욕이라는 악마가 죽을 것이다."라고 말했습니다.

우리의 마음을 하나님이 아닌 다른 데 빼앗기고 싶지 않다면 소유욕에 지배당하지 않아야 합니다. 돈을 대할 때마다 정말 주의해야 할 것은 '내가 돈을 얼마나 가지고 있느냐가 아니라, 돈이 나를 소유하고 있는 건 아닌지.'를 날마다 살펴야 합니다.

노예가 아닌 주인으로 살려면

첫째, 돈에 대한 두려움과 불안감을 극복해야 합니

다. 돈이 없어서 불안해하거나 두려워서 전전긍긍하는 대신 기도합시다. 직접적이고 구체적으로 기도하는 것이 중요합니다. 무조건 '얼마 주세요.'라고 기도하는 것이 아니라, 현재의 상황을 주님에게 아뢰고 하나님이 어떻게 인도하기 원하시는지 물어야 합니다. 그러는 동안 하나님은 우리 스스로를 살피는 지혜를 주실 것입니다. 내 쓰임새에 문제가 있는지를 발견할 수도 있고, 필요한 만큼 채워지기도 하고, 돈이 아닌 다른 방법으로 일을 해결할 수도 있습니다.

돈 자체에 집중하려는 마음을 물리치고 돈의 주인이신 하나님에게 집중해야 합니다. 하나님은 광야에서조차 단 하루도 이스라엘 백성을 굶기지 않으셨습니다. 들에 핀 꽃도, 하늘을 나는 새들도 다 헤아려 먹이고 입히셨다는 것을 잊지 말고 돈에 대한 두려움과 불안을 거둡시다.

둘째, 가진 것에 감사하며 더 필요한 사람과 나눠야 합니다. 감사는 이기적인 우리가 자연스럽게 가질 수 있는 태도가 아닙니다. 그렇기 때문에 의식적으로 감사를 표현하기 위해 노력해야 합니다. 욥의 고백과 같이 모든 것이 하나님의 것임을 고백하며 현재 주신 것에 만족하고 감사하는 겸손한 태도를 가져야 합니다. 그래야 탐욕이 틈탈 기회를 찾지 못하고 우리에게서 멀리 떠날 것입니다. 돈이라는 것이 원래 획득하고 이윤을 얻고 늘리기 위해 만들어진 것이지 주기 위한 것이 아닙니다. 그렇기 때문에 돈을 움켜쥐지 않고 나누는 행동은 돈의 힘을 무력화시키는 가장 강력한 전술입니다.

나눔의 기본은 십일조입니다. 솔직히 수입의 십 분의 일은 결코 적은 액수가 아닙니다. 하지만 십일조를 드린다는 것은 돈의 주권이 하나님에게 있음을 어둠의 권세를 향하여 선포하는 포문

을 여는 것과 같습니다. 삭개오가 그의 재물을 사람들에게 나눠 주고 돌려준다고 했을 때 예수님이 기뻐하시며 "오늘 이 집에 구원이 임했다."고 말씀하십니다. 자기를 위해 쌓아 두었던 돈을 이웃을 위해 하나님의 뜻대로 사용할 때, 비로소 어두운 속성에 갇혀 있던 돈이 선한 영향력을 발휘할 수 있습니다.

우리말에 "마음이 있는 곳에 돈이 있다."고 하듯이 돈을 나눠 쓴다는 것은 마음도 함께 나눈다는 것입니다. 그리고 마음과 함께 흘러간 돈은 사랑이 되어 돌아옵니다. 하나님이 주신 돈을 그저 먹고사는 일에만 쓰는 것은 참으로 안타까운 일입니다. 보다 더 거룩하고 위대한 일을 위해 가진 돈을 아낌없이 드립시다. 하나님이 마르지 않는 샘과 같이 축복하실 것입니다.

셋째, 하나님의 소유권을 인정하는 것입니다. 우리가 가지고 있는 모든 것은 "하나님이 주셨고 하나님의 소유이며 하나님의 목적을 위해 쓰인다."는 것을 늘 기억해야 합니다.

"온 천하에 있는 것이 다 내 것이니라" **- 욥기 41장 11절**

"땅과 거기에 충만한 것과 세계와 그 가운데에 사는 자들은 다 여호와의 것이로다" **- 시편 24편 1절**

하나님의 소유권을 깨닫고 인정할 때, 우리는 소유욕과 욕망의 영으로부터 자유를 얻습니다. 우리는 가끔 돈을 보면서 이런 고민을 합니다. "내 돈을 얼마만큼 하나님에게 드려야 할까?" 그러나 이건 정말 두려운 착각입니다. 우리가 가진 것 중에 그 어느 것도 하나님이 주시지 않으면 누릴 수 없습니다. 우리는 이런 고민을 해야 합니다. "하나님의 돈 중에서 나를 위해 얼마를 보관하는 것이 좋을까?" 이 두 질문 사이에는 엄청난 차이가 있습니다.

요즘은 세상이 너무 돈, 돈, 하다 보니 부모에게 물려받을 유산이 없으면 그것도 큰 흠이 된다고 합니다. 자녀들에게 남겨 줄 유산이 없어서 걱정이십니까? 하지만 제 걱정은 다른 데 있습니다. 예수 그리스도를 믿는 믿음은 물려주지 못하고 재물만 남기게 된다면 이거야말로 가장 큰 재앙입니다. 단언컨대 그들이야말로 가장 궁핍한 사람이 될 것입니다.

'다다익선'(多多益善)을 외치는 세상에서 안전하게 살 수 있는 최고의 가치는 재물이 아닙니다. 만물의 주인이신 하나님의 자녀만이 취할 수 있는 자녀 됨의 권세입니다. 다른 무엇보다 믿음의 유산을 물려주어야 합니다.

관계의 늪에 빠진 시대

교회 집무실에 있다 보면 하루에도 수많은 사람이 문제를 가지고 저를 만나러 옵니다. 사람들에게 도움을 줄 수 있어서 늘 감사하면서도 때로는 마음 한 구석이 허전할 때가 있습니다.
가끔은 마음의 빗장을 풀고 향이 좋은 커피를 마시며 편하게 마주할 수 있는 사람이 그립습니다.

관계를 말하다

마음에 큰 바위가 내려앉은 것처럼 가슴이 답답하고 막막할 때, 자존심도 내려놓고 허심탄회하게 모두 털어 낼 수 있는 사람이 옆에 있습니까? 라디오에 보낸 사연이 당첨돼서 제주도 비행기 티켓과 호텔 숙박권을 상품으로 받게 된다면 누구와 함께 가시겠습니까? 한 달을 기준으로 통계를 낼 때 가장 자주 함께 밥을 먹는 사람은 누구입니까? 우리는 끊임없이 사람들과 관계를 만들면서 살아갑니다. 학교, 직장, 친목회, 동우회, 교회 등 서로 엮고 엮이면서 밀고 당겨 주는 인맥들 속에서 살아갑니다. 어떨 때는 이런 엮임이 부담스럽지만 그래도 왠지 모르게 든든한 받침대처럼 느껴지는 것도 사실입니다. 그래서 우리는 누군가와 끊임없이 관계를 맺으려 하는지도 모릅니다.

그런데 참 안타까운 것은 맺은 관계를 잘 유지하고 키워 가는 것이 생각보다 쉽지 않다는 겁니다. 또한 인생에서 관계가 차지하는 비중이 상당히 커지다 보니 우리는 관계 때문에 웃기도 하고 울기도 합니다. 도대체 관계가 뭐길래 우리를 들었다 놨다 하는 걸까요? 제가 생각하는 관계는 '누군가와 무엇이든 나눌 수 있는 마음의 여유'입니다. 마음도 돈도 시간도 열정도 계산 없이 나눌 수 있는 사람이 있습니까? 그렇다면 인생을 잘 살아온 겁니다.

언제부턴가 우리는 '중독'에 대한 이야기를 많이 듣고, 중독 때문에 패가망신한 사람들의 소식을 자주 접하게 됩니다. 알코올중독, 성중독, 게임중독, 약물중독, 쇼핑중독 등 수많은 중독 때문에 어린아이에서부터 노인에 이르기까지 고생이 말도 못합니다. 그런데 중독 중에서 가장 무서운 중독이 무엇인지 아십니까? '관계중독'(relation addiction)입니다. '사람 중독'이기도 합니다. 관계를 통해 채워지지 않은 결핍 때문에 술도 마시고, 게임도 하고, 약도 먹고, 성폭행도 하게 되는 경우가 왕왕 있습니다.

지금 우리가 사는 이 시대는 너무 풍요롭습니다. 먹을 것도, 입을 것도, 놀 것도, 볼거리도 정말 다양합니다. 그러나 오직 한 가지, 사람과 사람 사이에서 경험되고 채워져야 할 인격적인 관계가 부족합니다. 그래서 이 시대 최악의 질병은 '관계 중독'입니다.

관계 중독에 빠진 라이프

'관계 중독'이라는 말이 생소한 사람들도 있을 것입니다. 관계 중독이란 '나'는 없고 '너와 함께 있는 나'만 존재한다는 의식에 사로잡혀 있는 것을 말합니다. 그래서 관계 중독에 걸린 사람은 끊임없이 친밀한 관계를 맺을 누군가를 찾고 그런 대상이 없을 때 불안해합니다.* 그리고 상대방만을 오롯이 바라보기 때문에 사소한 말이나 행동에 쉽게 상처를 받습니다. 그래서 늘 사람을 찾아 나서고 간도 쓸개도 다 빼 줄 것처럼 마음과 물질까지 쏟아붓습니다. 밥도 사고 선물도 사 주면서 시도 때도 없이 전화하고 함께해 주기를 요구합니다.

그런데 어디 사람의 마음과 상황이 다 같습니까? 원하는 만큼

---

* 듀오라이프컨설팅

채워지지 않으니까 그 외로움과 서운함이 쌓여 분노가 되고 고통을 느끼게 됩니다. 그렇게 외로움과 분노를 견디기 위해 술을 마시고 게임을 하다 보니 알코올중독, 게임중독에 걸리게 되는 것입니다.

결국, 관계 결핍이 주는 고통과 허전함을 견디지 못해서 그 결핍을 채워 줄 다른 것을 찾게 되다 보니 중독이 또 다른 중독을 낳게 됩니다. 그래서 우리의 영혼은 밑 빠진 독과 같이 먹어도 먹어도 배가 고프고 공허하며 깊은 외로움에 갇혀 버리는 것입니다. 내 마음을 헤아려 주는 단 한 명만 있어도 우리의 인생이 이렇게 외롭고 고달프지는 않을 것 같은데 그 한 명을 곁에 두기가 쉽지 않습니다. 밑 빠진 독을 가슴에 품고 사람과 사랑이 고픈 이 세대가 안쓰럽습니다. 어쩌다 우리가 이렇게 되었을까요?

첫째, 절제를 망각한 자만심 때문입니다. 인간이 인간의 결핍을 채울 수 있다는 생각은 탐욕과 집착, 중독을 일으킵니다. 어느 누구도 다른 사람의 필요를 완전하게 채울 수 없습니다. 오직 한 분, 모든 것의 근원이자 사랑 그 자체이신 하나님만이 밑 빠진 독과 같은 인간의 결핍을 채울 수 있습니다. 그러나 눈에 보이는 것이 전부처럼 느껴지는 세상에 살다 보니 이 진리를 자꾸 잊어버리고 사람과 물질로 마음을 채우려고 합니다. 하지만 절제를 망각한 자만심으로 가득한 영혼은 채워도 채워도 만족을 모릅니다. 그래서 더 많이 가지려 하고, 더 자주 사람들을 만나면서 마음을 채우고 존재를 확인받고 싶어 합니다. 그런데 그러면 그럴수록 마음은 더 공허해지고 자신의 처지는 더 비참해질 뿐입니다.

둘째, 가면 때문입니다. 건강한 관계를 맺기 위한 제1원칙이 있

습니다. 다른 누구보다 자신과 자연스럽고 편안한 관계를 맺는 것입니다. 그러나 많은 사람이 자신의 내면과도 마주 서지를 못합니다. 자신의 겉과 속이 만나는 것조차 꺼려 한다면 결코 다른 사람과도 진솔한 관계를 맺을 수 없습니다. 자신을 사랑하지 않고 인정하지 않는 사람은, 결코 다른 사람도 있는 모습 그대로 받아들일 수 없습니다. 서로가 서로의 가면 속에 가려진 참 모습을 보지 못하고 만나는 관계는 결국 피상성을 벗어나지 못합니다. 내가 그렇듯 다른 사람들도 자연스럽고 편안한 사람을 좋아하고 그런 사람 옆에 있고 싶어 하기 때문입니다.

현재 자신의 모습 그대로를 인정하고 받아들이는 것, 자신과 편안한 관계를 맺을 줄 아는 사람이 다른 사람과도 자연스럽고 편안한 관계를 맺을 수 있습니다. 용기를 내십시오. 그리고 가면을 벗으세요. 건강하고 풍요로운 관계가 시작될 것입니다.

늪에서 빠져나오려면

첫째, 나 스스로가 현재의 모습 그대로를 받아들여야 합니다. 나의 나 됨을 있는 그대로 인정하고 가면을 벗을 때 비로소 자신을 사랑할 수 있는 힘이 생깁니다. 외로움과 고독은 누구나 느끼는 감정이고, 이 감정을 느낀다고 해서 문제가 있는 것은 결코 아닙니다. 오히려 이런 감정을 느끼고 인정하는 시간을 통해서 우리는 관계의 소중함을 깨닫고 주변 사람들을 돌아볼 수 있는 마음을 갖게 됩니다. 나아가 자신의 연약함을 발견하고 인정할 수 있는 좋은 경험이 되기도 합니다.

우리는 내가 내 자신을 제일 잘 안다고 생각하지만 그것은 엄청난 착각입니다. 내 몸의 생김새조차도 다른 사람이 봐 주지 않으면 안 보이는 곳 투성이입니다. 그저 익숙해서 잘 안다고 생각할 뿐입니다. 가족도 마찬가지입니다. 내 가족이니까, 내 자녀이니까 제일 잘 안다고 생각하지만 솔직히 모르는 게 더 많습니다.

그래서 다른 사람들과의 관계에서 문제가 발생할 때, 상대를 원망하고 비난하기 전에 '왜 이런 갈등이 생겼는지, 나한테 무슨 문제가 있는지'를 살피는 것이 필요합니다. 그렇게 살피다 보면 반복되는 문제 속에서 자신의 연약함을 발견하게 되고, 그것을 인정한다면 성장과 회복이 일어날 것입니다.

우리는 함께 지낸 가족과 부모의 영향을 가장 많이 받습니다. 그래서 내가 다른 사람 대하는 것을 가만히 살펴보면 마치 아버지가 어머니를 대하듯이 사람들을 대하는 나의 모습과 만나게 됩니다.

익숙한 것이 어느새 내 습관이 되었기 때문입니다. 그런데 우리 대부분은 부모의 연약한 모습을 힘들어 하고 싫어하기 때문에 나한테서 그런 모습들이 나타난다는 것을 인정하지 않고 그런 말을 하는 사람들을 불편해합니다.

하지만 변화와 회복은 내 연약함을 인정하고 받아들이는 것에서 시작됩니다. 정직하고 진실하게 자신의 겉과 속이 마주 볼 수 있도록 용기를 냅시다. 시작은 어렵지만 그다음부터는 관계가 술술 풀리는 기쁨을 누리게 될 것입니다.

둘째, 하나님과 사람들과 공동체를 이루어야 합니다. 그리스도인의 신앙을 한마디로 정의하면 '관계'입니다. '나와 하나님과의 관계, 나와 다른 사람들과의 관계'를 말하는 것이 바로 기독교입니다. 하나님은 우리를 지으실 때 관계 안에서 서로 사랑하며 변화와 성장을 경험하도록 지으셨습니다. 교회를 다니는 사람들이 자주 하는 말 중에 "하나님을 알아야 한다.", "예수 그리스도를 알아야 한다."가 있습니다. 여기서 사용하는 '안다'는 깊고 친절하며 개인적이고 인격적인 연합을 말합니다. 인격적인 연합은 함께하는 시간 속에서 서로를 향해 베푸는 이해와 사랑으로 이루어집니다.

실제로 모든 성경적인 공동체는 그리스도와 함께하는 사람들 사이의 본질적이며 생생한 사랑의 관계를 강조합니다. 왜냐하면 우리 모두는 그리스도의 사랑의 대상이기 때문입니다. 물론 그리스도의 공동체 안에서도 갈등이 있고, 상처를 주고받을 수도 있습니다. 그러나 갈등이 일어나는 것을 두려워하거나 피하지 맙시다. 갈등이 일어나지 않는 관계는 더 이상 깊어지지 않습니다.

관계 안에서 정말 중요한 것은 갈등이 아니라, 갈등을 어떻게 풀어 가느냐 입니다. 관계를 잘 유지하기 위해 가장 중요한 것은 그 관계를 끝장낼 수 있는 용기입니다. 이는 결코 싸움닭이 되라는 것이 아닙니다. 신앙을 가졌어도 처음에는 다 낯설고 어색합니다. 그러나 다름으로 인해 부딪히더라도 포기하거나 피하지 않겠다는 결단만 있다면 공동체는 무너지지 않습니다.

최준영 교수의 저서《결핍을 즐겨라》에 이런 대목이 있습니다.

"사람이 다 다르기 때문에 평등이라는 개념이 생겼습니다. 모두가 다 같은 조건에서 살아간다면 평등을 강조할 필요가 없을 것입니다. 사람들 마음이 서로 다르기 때문에 갈등합니다. 사람 마음이 하나같다면 다툴 일이 없을 것입니다. 서로의 다름을 인정하고 받아들이고 존중하는 것, 그것이 바로 사랑입니다. 사랑은 많은 사람 중에서 나와 같은 사람을 찾는 일이 아니라 다름을 인정하고 받아들이는 마음에서 출발합니다."

그래서 사랑을 실천하는 가장 확실한 방법은 다른 사람과 함께 걸어가는 것입니다. 예수님과 함께하는 공동체가 그대와 함께 걸어가 줄 것입니다. 길을 걷다가 다리를 조금 삐끗해도 기다려 줄 것입니다. 다리가 아프다고 짜증 내고 모나게 굴어도 이해해 주고 격려해 줄 것입니다. 이미 예수님의 사랑과 기다림을 경험한 사람들에게는 기다릴 수 있는 인내와 사랑이 있기에 가능합니다.

지금 누군가의 따뜻한 손길과 시간을 내어 줄 여유가 절실히 필요하다면 한 가지만 하면 됩니다. 주저 없이 그리스도의 공동체에 문을 두드리고 그대의 몸을 풍덩 던지십시오. 내 존재만으로도 의미가 있고 존중받을 수 있는 한 공동체만 있어도 우리 인생이 외롭지 않을 것입니다. 우리가 서로에게 그런 사람이 되어 준다면 이 늪과 같은 관계의 세상에서 잘 견딜 수 있습니다.

허세가 개성인 시대

하루는 반듯하고 잘생긴 30대 중반의 남자가 찾아왔습니다. 평생 돈 한 번 제대로 벌지 않으셨던 아버지 탓에 무거운 책임감을 어깨에 지고 부모님과 아내, 아이들을 돌보느라 고군분투하는 이 남자는 이제 부모님을 가까이서 모시게 되었답니다. 그런데 나이 드신 아버지는 여전히 자식의 형편이나 처지는 돌아보지 않으시고 에쿠스 승용차에 30평대 아파트를 요구하신다며, 평생을 자신의 허영을 위해 사시는 아버지 때문에 이혼할 처지에 놓였다고 한참을 울다가 돌아갔습니다.

허세의 세상을 말하다

우리 속담에 "빛 좋은 개살구"라는 말이 있습니다. 겉보기에는 먹음직스러운 빛깔을 띠고 있지만 맛은 없는 개살구라는 뜻으로, 겉만 그럴듯하고 실속이 없는 경우를 비유적으로 일컫는 말입니다. 저는 요즘 세태를 보면서 이 속담이 자주 생각납니다.

아름다운 것, 고급스러운 것, 폼 나는 것이 중요한 요즘, 나이에 상관없이 몸짱이 되기 위해 다이어트와 운동에 열광하고 남자들도 피부 관리를 받고 색조 화장을 합니다. 뒷모습만 봐서는 남자인지 여자인지, 청년인지 중년인지 분간하기가 어렵습니다. 게다가 요즘 젊은이들은 집은 없어도 차는 있어야 한답니다. 이왕 있을 거면 크고 좋은 차로 말입니다. 가방, 옷, 신발 할 것 없이 유명 연예인 등이 하는 건 다 따라 하는 멋쟁이들이 거리마다 바글바글합니다. 이런 따라 하기는 겉모습뿐 아니라 얼굴까지도 과감하게 바꾸는 바람에 성형외과가 성황을 이룬다고 합니다. 그리하여 아시아에서 한국 여자들이 제일 예쁘고, 한국 남자들이 가장 멋있답니다.

하지만 마냥 좋아할 일은 아닙니다. 몸짱이 되기 위해서 뼈가 썩는지도 모르고 다이어트를 하다 보니, 병에 시달리게 됩니다. 더 심각한 것은 이렇게 아름답고 멋진 모습을 위해 돈을 쓰다 보니, 신용불량자만 늘어 간다는 것입니다.

솔직히 저는 형식이나 의례를 중요하게 여기는 사람이 아닙니다. 형식과 의례를 따지다 보면 본질을 놓치기 쉽고, 필요 이상의 시간과 비용을 낭비할 때가 있습니다. 얼마든지 간소하면서도 품위 있고 고급스러울 수 있는데도 무조건 비싸고 화려하며 부피가 커야 한다는 생각은 문제가 있습니다. 가진 것은 쥐뿔도 없으면서 쥐뿔마저 팔아서 폼만 잡으려는 잘못된 생각은 빨리 버릴수록 좋습니다.

요즘 취업 때문에 난리 아닌 난리를 겪고 있습니다. 그런데 정말 일할 곳이 없어서 이태백(이십 대 태반이 백수)이 늘어나는 걸까요? 꼭 그렇지만은 않습니다. 편한 곳, 정시 퇴근하는 곳, 월급 많이 주는 곳, 명함 내밀기 폼 나는 곳, 서울이나 수도권에 있는 곳을 찾느라 취업을 안 하고 있는 사람도 많습니다.

기술만 배워도 일자리가 있는데 몸 피곤하고 때 묻는 일은 하기 싫어서 매일 도서관과 학원만 드나드는 청춘이 참 많습니다. 나이는 한 살 한 살 먹어 가고 사람들 보는 눈도 있는데, 이제 와서 아무 데나 갈 수도 없으니 이거야말로 미칠 노릇입니다. 그런데도 정신은 안 차리고 차라리 취업 준비생이라는 공식적인 위치가 낫다 싶으니까 실낱 같은 희망만 붙잡고 점점 나태함의 늪 속으로 빠져들고 있는 것입니다.

남의 속도 모르면서 너무 심하게 말한다고 생각하십니까? 현실은 이보다 더 냉정하고 심각합니다. '그래도 내가 대학 나왔는데, 대학원까지 나왔는데 이런 일을 어떻게 하냐?'라는 정신 나간 젊은이들이 여전히 많다고 합니다. 해마다 젊고 참신한 졸업생들이 줄을 지어 쏟아져 나오고 있다는 것을 안다면 이런 허세는 이제 정말 개나 줘 버려야 합니다.

요즘이야말로 실속 있게 살아야 합니다. 실속은 마트에 가서 1+1을 살 때만 찾는 것이 아니라, 인생에 있어서 아주 소중한 삶의 습관이 되어야 합니다.

실속 없는 허세 = 초로인생(草露人生)

계절이 그렇듯이 우리의 인생도 수시로 '바람'이 붑니다. 때로는 유행이라는 이름으로, 때로는 트랜드라는 이름으로, 때로는 대세라는 이름으로 새로운 것들이 등장할 때마다 한바탕 바람이 불고 지나갑니다. 그때마다 좌충우돌 부는 바람에 따라 이리 몰렸다가 저리 몰렸다 한다면 인생이 얼마나 불안정하겠습니까? 보다 깊이 생각하고 살피며 이해하는 사람만이 중심을 잘 잡고 소신 있는 선택과 결정을 할 수 있습니다. 마음먹기에 따라 사람은 얼마든지 삶의 태도를 바꿀 수 있습니다.

태도의 변화는 삶의 내용도 변화시킵니다. 유행에 민감해서 줏대 없이 남들 하는 거 다 하는 사람보다 뭔가를 집중해서 열심히 노력하는 사람은 언제나 미래에 대한 희망을 가지고 있기 때문에 그 자체로 멋있고 사회도 그런 사람을 원합니다.

성형 수술로 온 몸을 조각처럼 깎고 심지어 키까지 늘리는 세상에 살다 보니 너도 나도 할 것 없이 성형을 하고, 이제는 취업을 위한 조건 중에 하나가 되었다고 합니다. 과거에는 눈꺼풀에 문

제가 생기면 하던 쌍꺼풀 수술이 지금은 남에게 좋은 인상을 주기 위해, 취직과 면접을 위해, 자신감을 갖기 위해서 해야 하는 것이 되었습니다. 심지어 본인은 원하지 않는데도 가족의 성화나 친구의 권고로 수술을 받는 경우도 많다고 합니다. 마치 과거 이스라엘 백성이 할례를 받듯이 요즘은 사회의 온전한 구성원이 되기 위해서는 눈두덩이에 할례를 받아야 하는 분위기입니다. 쌓아야 하는 실력은 쌓지 않고 겉만 번지르르하게 치장하느라 돈과 시간을 낭비하고 있는 것입니다.

영어 공부도 마찬가지입니다. 우리나라 교육비 중 가장 많이 투자하는 분야는 단연 영어 교육입니다. 유치원 때부터 대학 때까지 배워도 입 한 번 제대로 떼기가 힘듭니다. 도대체 언제까지 학원을 다녀야 우리는 맘 편하게 영어로 말할 수 있을까요? 남들 다 다니는 학원에 가는 것이 중요한 것이 아니라 자기에게 맞는 학습법과 집중력이 필요합니다.

제대로 놀지도 못하면서 남들 하는 거 따라 하며 폼만 잡는 실속 없는 허세는 '초로인생'(草露人生)과 같습니다. 초로인생이란 "해가 나면 없어질 풀잎에 맺힌 이슬처럼 덧없는 인생"(人生)을 이르는 말입니다. 빛만 좋은 개살구는 아무짝에도 쓸모없습니다. 지나가는 개에게 줘도 입도 안 대는 게 빛 좋은 개살구입니다. 죽으면 썩어 없어질 육체의 겉가죽을 치장하느라 몸속은 상하는 줄도 모르는 인생이 얼마나 그 아름다움을 누리겠습니까? 폼 나게 멋진 자동차를 탄다고 그 만족과 우월함이 몇 년이나 가겠습니까? 제대로 된 살림살이 없이 빚만 잔뜩 안고 있는 큰 집에서 걱정을 떠안고 사는 것이 무슨 기쁨이 있겠습니까?

분수에 맞게 사는 것이 실속 있는 삶의 기본입니다. 허세를 털어 버리고 분수에 맞게 겸손하고 성실하게 살다 보면 재산도 모이고 실력도 쌓이고 인정도 받게 됩니다.

허세의 세상에서 실속 있게 살려면

첫째, 근본 있는 자존감을 가져야 합니다. 왜 사람들이 속은 시어 터지더라도 빛 좋은 개살구를 포기할 수 없는지 아십니까? 자기 자체만으로는 자신이 없기 때문입니다. 있는 그대로의 자신만으로는 다른 사람들과 비교할 때 너무 많이 부족하다고 믿기 때문입니다. 그렇다고 외모가 화려하고 큰 집과 멋진 차를 가지면 그 존재가 건강하고 아름다워질까요? 언제 어디서나 당당할 수 있는 적극성과 열정은 건강한 자존감에서 나옵니다.

그럼 우리의 자존감은 어떻게 형성될까요? 상담학적으로 인간의 자존감은 부모와의 관계에서 형성된다고 합니다. 그런데 이 자존감은 처음 태어났을 때 그대로 쭉 유지되는 것이 아니라 살면서 어떤 사람을 만나느냐에 따라서 더 건강해지기도 하고 더 안 좋아지기도 합니다. 그리고 무엇보다 감사한 것은 믿는 사람들은 하나님의 자녀가 됨으로써 천상의 자존감을 갖게 됩니다.

지금 자신의 모습을 봅시다. 그대가 젊어서 얼마나 멋지고 아름다웠는지, 얼마나 잘나갔는지 저는 모릅니다. 그러나 하나 묻고 싶은 것이 있습니다. 그때의 추억에 의존해서 사십니까? 아니면 지금은 비록 외모는 쭈글쭈글하고 별로 내세울 것은 없지만 그래도 '난 여전히 존귀한 사람이야!'라는 확신 가운데 기쁨으로 사십니까? 하나님으로부터 오는 존재의 존귀함을 가진 사람만이 세상의 그 어떤 허세에도 기죽지 않고 당당할 수 있습니다.

둘째, 세상이 필요로 하는 스펙을 쌓되 독창적이고 쓸모 있는 스펙을 쌓아야 실속 있는 인생을 살 수 있습니다. 요즘을 일컬어

난 여전히
존귀한사람이야!

'스펙 시대'라고 해도 과언이 아닙니다. 직장을 구하는 사람들 사이에서 학력, 학점, 영어 점수 등을 합한 것을 이르는 말이 스펙입니다. 여기에 외모와 성격, 창의성까지 겸비하면 금상첨화입니다. 그런데 놀라운 것은 이 모든 것을 두루 갖춘 사람이 의외로 많다는 것입니다.

그렇기 때문에 자기만의 필살기가 필요합니다. 필살기는 "必 반드시 필, 殺 죽을 살, 技 재주 기"로 "확실히 죽이는 기술"을 일컫는 말입니다. 저의 필살기는 배우기를 멈추지 않는 것입니다. 저는 지금도 영어 회화를 공부합니다. 누가 설교를 하든 늘 적고 배웁니다.

그리고 단순, 지속, 반복이라는 저만의 삶의 태도를 항상 기억하고 실천합니다. 영적 생활도, 먹는 것도, 운동도 한번 습관을 들인 것은 해가 되지 않는 한 꾸준히 지키고 실천합니다. 그래서 저는 기도할 때도 교회와 성도들을 위해서는 물론이고 안산 지역의 공공기관, 기업, 학교, 지역 이름을 부르며 한 바퀴 기도를 합니다. 이런 삶의 습관들이 제게는 성공 비결이고 이렇게 꾸준히 반복하다 보니 군더더기는 다 빠져나가고 알맹이만 차곡차곡 쌓였습니다. 이제 저는 쌓아 둔 것을 곶감 빼먹듯이 빼먹어도 되지만 저는 할 수 있을 때까지 배우고 익힐 것입니다.

구슬이 서 말이라도 꿰어야 보배가 되듯이 정보가 아무리 많고 보여 주고 싶은 능력이 있으면 뭐합니까? 필요할 때 바로 사용할 수 없다면 무용지물입니다. 스스로의 삶을 냉정하게 들여다볼 필요가 있습니다. 그리고 허세의 거품은 쫙 빼고 실속 있는 삶을 살기를 다짐하고 노력해야 합니다. 이왕이면 몸의 기름기와 생활의 거품도 쫙 빼면 더 좋을 듯합니다.

'외로움'이 이 시대의 화두라면
더불어 살아가는 것, 바로 하나 됨이
그 해답입니다.

2단계

현실을 살아 내는 전술

가치관이 선택을 좌우한다

한 인디언 가정에서 할아버지가 손자에게 모든 사람의 마음속에서 벌어지는 다툼에 대한 이야기를 들려주고 있었다. 할아버지가 말했다.
"아이야, 그 싸움은 우리 마음속에 있는 두 마리 늑대 사이에서 벌어진단다. 하나는 두려움이지. 놈은 불안과 걱정, 불확실성, 주저함 그리고 대책 없음을 가지고 다닌단다. 다른 한 늑대는 믿음이라고 한단다. 그 늑대는 차분함과 확신, 자신감, 열정, 단호함, 흥분 그리고 행동을 불러온단다."
그 이야기를 듣던 손자가 잠시 생각을 하더니 할아버지에게 물었다.
"그럼 둘 중에 어느 늑대가 이겨요?" 그러자 할아버지가 대답했다.
"바로 네가 먹이를 주는 늑대란다."*

가치관을 말하다

평소 우리는 '가치관'이라는 단어를 잘 사용하지 않습니다. 하지만 가치관이 없는 사람은 없습니다. 말로 설명하기가 어려울 뿐이지 행동으로 자신의 가치관을 표현합니다. 돈이 제일 중요한 사람은 돈을 중심으로 사람과 세상을 보며 행동하고, 명예가 중요한 사람은 명예가 모든 것의 기준이 됩니다. 어떤 사람에게는 외모가 되기도 하고, 또 어떤 사람에게는 하나님 말

---

* 게리 켈러, 제이 파파산, 구세희 역, 《원씽》, 비즈니스북스, 261p, 2013.

쓰이 가장 중요한 기준이 됩니다.

이처럼 세상을 바라보는 관점과 행동의 근거가 되는 것이 '가치관'입니다. 혹시 주변에 이해하기 힘든 사람이 있다면 그 사람의 말과 행동을 잘 살펴세요. 그 사람이 왜 그렇게 사는지, 그 사람의 가치관이 무엇인지 알 수 있습니다. 예로부터 어르신들이 젊은 사람들의 외형을 보고 마음의 중심까지 가늠해 볼 수 있었던 것도 이런 이유 때문이 아니었나 싶습니다.

이런 관점에서 본다면 요즘은 '개인적 평안과 부'라는 두 개의 가치에 사로잡혀 있는 것 같습니다. 다른 사람의 어려움 때문에 내가 방해를 받지 않고 나의 생활 방식이 내가 원하는 대로 유지되기를 바라는 것이 개인적 평안입니다.

부는 내가 가진 돈과 집, 옷, 차 같은 물질이 점점 더 많아지는 소위 성공한 인생을 말합니다. 우연한 기회에 아이들을 만나면 저는 꼭 꿈이 무엇이냐고 물어봅니다. 그때마다 저를 당황하게 하는 대답이 있습니다. 돈 많이 벌어서 부자가 되는 것이 꿈이라고 할 때, 순간 "헉" 하는 마음이 듭니다. 돈 자체가 꿈과 목적이 되어서는 안 되기 때문입니다. 아름다운 꿈을 꿔야 하는 아이들마저 돈을 인생의 목표로 삼는 현실이 참 서글픕니다.

삶의 참된 의미와 가치를 잃어버린 이 시대는 과격하고 본능적인 과거로 쇠퇴해 가고 있습니다. 멈출 줄 모르고 발생하는 성폭력과 살인, 자살, 부정부패, 이 모든 것이 이 시대를 살아가는 사람들의 가치와 욕구를 말해 주고 있습니다. 사람과 양심이 소중

하게 여겨지는 것이 아니라, 내 욕구가 최우선인 자기중심성이 이 세상의 핵심 가치가 되어 가고 있습니다.

시대의 가치관을 분별하자

자기중심성이 핵심 가치인 사람은 자신의 욕구에 지나치게 집중합니다. 지나치게 먹고 마시며 쾌락을 채우느라 절제를 내팽개친 현실을 보십시오. 잘 먹고 잘 마신 탓에 비만과 성인병이 생명을 위협하고 있습니다. 자신의 성적 욕구를 채우는데 급급해서 남의 가정을 파괴하고 어린아이들을 무참하게 짓밟는 이 사회의 음란함을 보고 통곡하지 않을 수가 없습니다.

명예에 대한 욕구는 어떻습니까? 자신의 명예를 지키기 위해서 타인에게 희생을 강요하고 죄를 뒤집어씌웁니다. 돈에 대한 욕구는 말할 것도 없습니다. 이제는 가정에서조차 정신보다는 물질이 중요하다고 가르칩니다. 자본주의에 가치관을 담보 잡히고도 절망을 모르는 이 시대가 너무 암담할 뿐입니다.

"불안이 심해지면 탐욕이 자라난다."는 말이 있습니다. 불안을 극복하지 못하면 대체물을 통해서라도 불안의 감정을 회피하려는 인간의 연약함을 아주 잘 표현한 말입니다. 자신의 평안과 풍요만을 중심에 둔 사람들은 자신의 환경이 위협을 받지 않는 한 세상이 어떻게 되든 이웃이 어떻게 되든 관심이 없습니다. 왜냐하면 자신의 탐욕은 여전히 채워지고 있기 때문입니다.

그러나 탐욕에는 대가가 따릅니다. 탐욕은 밑 빠진 독과 같아서 아무리 채우려 해도 채워지지 않습니다. 그래서 더! 더! 더! 많은 것을 바라게 되고 결국 만족과 절제를 잃어버리게 됩니다. 탐욕과 자유를 맞바꾸게 되는 것입니다. 이런 삶은 중독과 같은 결과를 낳습니다. 자신의 욕구를 채우기 위해 선택한 것에 도리어 지배를 당하는 것이 중독입니다. 처음에는 자신이 주도적으로 선택했으나 결국에는 그 선택의 자유도, 버릴 수 있는 자유도 빼앗긴 인생, 이것이 물질만능주의의 본색입니다. 이 무서운 본색을 모르고 이 세대는 돈이면 다 된다는 세속적인 가치관에 빠져 살고 있습니다. 그래서 사람을 볼 때, 외모, 학벌, 돈으로 봅니다.

하지만 사람은 무엇을 가졌나보다는 그 마음에 무엇이 들어 있는가가 중요합니다. 인간의 능력이 육체적인 능력, 정신적인 능력, 영적인 능력 세 가지라고 할 때, 이 세 가지 능력을 모두 주관하는 것은 마음입니다. 그리고 그 사람의 마음 중심이 어떠냐에 따라서 능력이 발휘되는데, 바로 이 마음의 중심이 가치관입니다. 현실은 지금 이 순간에도 우리에게 먹고살기 위한 목적 하나만으로 살아가라고 설득합니다. 그러나 현실의 노예가 되고 싶지 않다면 절대로 현실에 순종하지 말아야 합니다. 현실에 순종하는 순간 중심을 잃고 세상의 노예로 이리저리 끌려다니게 됩니다.

제아무리 "나는 순수해. 나는 저 악한 사람들과는 달라. 지금은 어쩔 수 없이 이렇게 행동하지만 난 원래 이런 사람이 아냐. 어느 정도 돈을 모으면, 명예를 얻으면, 욕구를 채우면 난 원래대로 돌아갈 거야!"라고 외칠지라도 지금 내가 하는 행동이 나의 가치관을 표현합니다. 나의 선택과 행동이, 내가 중요하게 여기는 것이 무엇인지를 보여 줍니다. 왜냐하면 우리는 우리 스스로가 인식하는 것보다 더 일관성 있게 자신의 가치관에 따라 행동하기 때문입니다.

그렇다면 예수님을 믿는 우리는 이 세상에서 어떻게 살아야 합니까? 예수님은 어떤 가치관으로 이 세상과 영혼을 보셨을까요? 학벌주의, 외모주의, 물질주의를 두루 갖춘 지금 이 시대의 가치관이 아닌 것만은 분명합니다. 만일, 예수님이 이 시대와 같은 가치관을 가지셨다면 우리 중 몇 명이나 예수님의 제자요, 하나님의 자녀로 살아갈 수 있겠습니까? 예수님이 가장 중요하게 여기시고 그 행동의 바탕이 된 것은 바로 하나님 아버지이십니다. 광야에서 마귀에게 세 번의 시험을 받으신 장면을 보면 예수님의 가치관이 무엇인지 너무나 분명히 알 수 있습니다.

'천하 만물이 하나님의 주권 아래 있음을 온전히 인정하는 것', 오직 하나님 중심의 가치관을 가지고 하나님을 향해 살 때 우리는 이 불안한 현실을 감당할 수 있습니다.

세속적 가치관을 몰아내는 전술

첫째, "태초에 하나님이 천지를 창조하셨다."라는 것을 믿어야 합니다. 성경은 하나님이 창조 질서 전체의 유일한 근원이라고 가르칩니다. 어떤 신도 하나님의 경쟁 상대가 될 수 없고, 그 어떤 것도 본성이나 존재를 다른 근원에서 찾을 수 없습니다. 오직 하나님 말씀과 창조 명령이 이 세상에 질서와 구조를 부여합니다. 그렇기 때문에 〈시편〉 119편 91절은 "만물이 주의 종"이라고 말하는 것입니다.

그런데 정말 놀라운 것은 모든 것의 근원인 하나님이 우리를 자신의 형상을 따라 창조하셨다는 사실입니다. 이 땅에 있는 수많은 것 중에서 인간만이 하나님의 형상을 따라 창조되었고 인격을 지녔다는 것은 엄청난 사건입니다. 그래서 인간은 그 무엇과도 비교할 수 없고 그 무엇 때문에 하찮게 여겨질 수 없는, 그 자체만으로도 너무 존귀한 존재입니다. 이 진리를 믿는 사람은 별로 가진 것이 없어도 세속적 가치에 위협을 당하지 않습니다. 천하 만물이

하나님의 주권 아래 있다는 것을 믿기 때문에 더 당당하게 이 세상을 주도하며 하나님의 본래 지으신 형상대로 부르심을 따라 살아갈 수 있습니다.

둘째, 가장 가치 있는 것은 돈으로 살 수 없다는 것을 뼛속 깊이 인정해야 합니다. 가장 부흥했던 로마 말기에 다음과 같은 특징이 나타났다고 합니다.

> "쇼와 사치를 지나치게 사랑하고, 아주 부유한 자와 아주 가난한 자 사이에 간격이 점점 넓어졌으며 성(性)에 대해 지나치게 집착했다. 독창성으로 가장된 기형성이 나타나는 예술이 발전했으며 사람들이 자신의 국가를 떠나려는 욕구가 증대했다."

이 특징들이 지금 우리가 사는 시대를 가득 채워 가고 있습니다. 결국 물질이 중심인 세속적인 가치관은 B.C. 500년 전인 로마나 최첨단을 달리는 현재나 동일한 멸망을 초래합니다.

제 어린 시절은 정말 찢어지게 가난하고 불우했습니다. 그 시절이 너무 괴롭고 서글퍼서 부자가 되어 세상을 바꿔 보려고 열심히 공부했습니다. 난지도 양계장에서 밤늦게까지 일하고 라면으로 허기진 배를 채우며 근근이 생활하던 제가 서울대학교에 입학했을 때, 저는 세상을 다 얻은 것 같았습니다. 남루한 과거를 청산하고 앞으로 펼쳐질 새로운 인생에 대한 기대가 참 컸습니다. 그런데 지금 저는 경기도의 한 지역을 섬기는 목사가 되었습니다. 돈, 명예, 성공에 목말라했던 제가 예수님을 믿고 목사가 된다고 했을 때, 가족은 물론 주변 사람들이 다 미쳤다고 했습니다.

그러나 복음이 가장 가치 있는 것임을 알게 되니 세상적인 성공은 제게 아무 의미가 없었습니다. 만일 제가 예수님을 만나지 못했다면, 최고의 가치를 깨닫지 못했다면 전 세상적 명예는 얻었겠지만 그 명예만큼 추악한 죄의 쓴뿌리도 많이 매달고 있었을 것입니다. 그러나 가장 가치 있는 복음을 선택했기에 나뿐만이 아니라 수많은 영혼과 지역, 이 나라에 풍요를 나누는 복된 인생을 살고 있습니다.

이외수 작가가 자신의 트위터에 남긴 글 한 대목이 생각납니다.

"사람이 가진 슬픔 중에서도 가장 견디기 힘든 슬픔 세 가지는 집 없는 슬픔, 쌀 없는 슬픔, 옷 없는 슬픔이라고 합니다. 물론 이것들은 딱 한 가지만 있으면 해결됩니다. 바로 돈이지요. 이런 생각을 하면

갑자기 우리가 한없이 불쌍해 보입니다."

그러나 우리는 이미 돈이 주는 만족이 우리의 결핍을 완전히 채울 수 없다는 것을 잘 알고 있습니다. 또한 아무리 노력해도 그 만족이라는 것에 도달할 만큼 돈을 벌 수 없다는 것도 잘 알고 있습니다. 영원한 만족은 오직 하나님으로부터 옵니다. 그런데도 여전히 세상에 붙잡혀서 창조주 하나님을 믿지 못하는 이유가 무엇입니까?

아주 오랜전에 본 영화 중에 이런 장면이 있었습니다. 조폭들과 승려들이 주도권을 갖기 위해 싸우자 큰 스님이 숙제를 하나 내주었습니다. 각 팀에 밑 빠진 독을 주고 그 독에 먼저 물을 채우는 팀이 이기는 것이었습니다. 정답은 밑 빠진 독을 우물에 잠기도록 넣는 것이었습니다.

세속적인 가치관과 싸워 이길 수 있는 유일한 전술은 내 인생이 하나님의 주권 안에 있다는 것을 온전히 받아들이고 창조주 하나님에게 우리의 인생을 100% 내어 드리는 것입니다.

인생은 속도보다 방향이 중요하다

"여기에서 어느 방향으로 가야 하는지 알려 주시겠어요?"
앨리스가 물었습니다.
"그건 네가 어디로 가고 싶어 하느냐에 달렸지."
고양이가 대답했습니다.
"어디로 가든 상관없어요." 앨리스가 말했습니다.
"그렇다면 어느 방향으로 가든 상관없잖아?"
동화 〈이상한 나라의 앨리스〉의 한 대목입니다.

인생을 말하다

사람이 세상을 살아가는 것을 '인생'이라고 합니다. 어떤 사람들은 인생을 굵고 짧게 살고 싶다고 말하지만 어디 인생이 그렇습니까? 할 수만 있다면 가늘더라도 길게 살고 싶은 게 인지상정일 것입니다. 저는 67년째 살고 있는데 할 수만 있다면 굵고 길게 살고 싶습니다. 지금까지 살아온 인생을 돌아볼 때 어떤 마음이 듭니까? '후회막급이지만 앞으로 얼마나 더 산다고, 더 망치지나 말자.'라는 회의적인 마음을 품고 사는 사람이 있다면 참 안타까운 일입니다.

공자는 마흔에 미혹됨이 없어지고, 오십에 천명을 알게 되었다고 했습니다. 세상은 물려받은 물질과 우월한 유전자가 없으면 이미 실패한 인생이라고 단정 짓지만, 뜻을 세우고 최선을 다한다면 다시 앞이 보이는 것이 인생입니다.

"시작이 반이다."라는 말처럼 지금보다 더 나은 인생을 살기로 다짐하는 것부터가 시작입니다. 물론 이미 많이 살아온 인생을 다시 시작한다는 것이 쉽지 않다는 거 잘 압니다. 그러나 문제가 있는 것을 알면서도 그냥 내버려 두기에는 살아가야 할 인생의 무게가 너무 크지 않습니까? 내일 지구가 멸망하더라도 한 그루의 사과나무를 심겠다는 누군가의 말처럼, 오늘 내게 주어진 인생을 후회 없이 살고자 하는 의지만큼은 포기하지 말아야 합니다.

내 인생의 목적을 분석하자

지금까지 무엇을 위해서 살았습니까? 대부분의 사람은 '성공'을 위해서 살았고 앞으로도 그것을 위해서 살아갈 것입니다. 성공은 "목적한 바를 이루는 것"을 말합니다. 그래서 인생을 사는 데 있어서 가장 중요한 것은 어떤 목적을 가지고 사느냐입니다. 이쯤 되면 잠깐 책 읽는 것을 멈추고 내 인생의 목적이 무엇인지 생각해 보는 사람이 있을 텐데, 지금보다 더 나은 인생을 살기 원한다면 가장 먼저 지금 내가 무엇을 위해 살고 있는지를 알아야 합니다.

그러나 생각보다 많은 사람이 목적 없이 세월을 보내거나 한시적인 목표에 인생을 걸고 있습니다. 젊었을 때는 좋은 대학을 나와 월급 많고 대접받는 직장에 들어가는 것을 목적으로 열심히 삽니다. 그러다 외모가 출중하고 집안까지 좋은 돈 많은 배우자를 만나면 사람들의 부러움을 한 몸에 받습니다. 이처럼 좋은 대학, 좋은 직장 그리고 돈을 많이 벌면 성공한 인생일까요?

해마다 수많은 청춘이 대기업에 들어가기 위해 고생을 하지만, 입사를 해도 여전히 밤, 낮이 없답니다. 신입 때 잠깐이면 입시 공부하듯이 견딜 수 있겠는데, 문제는 5년, 10년, 20년 계속된다는 것입니다. 가족과 함께 쉼을 누리며 자신을 재정비할 여유도 없이 오직 전진만이 살길이랍니다.

현실이 이렇다 보니 따라오는 사회적 아픔이 무엇입니까? 명문고, 명문대생의 성적 비관 자살, 대기업 사원의 스트레스로 인한 자살 등이 끊이지 않고 있습니다. 나아가 돈으로 자녀들을 돌보다 보니 가족 관계가 깨지고 해체되는 고통을 겪고 있는 가정이 부지기수입니다.

그렇다면 성공한 인생은 어떤 것일까요? 저는 소위 명문 대학을 나왔습니다. 제 아이들과 며느리들도 좋은 학교를 나왔습니다. 사위는 대기업에 다니고 있습니다. 제가 섬기고 있는 동산고등학교도 명문 고등학교입니다. 우리 교회 대학, 청년부에는 명문대생과 대기업에 다니는 청년이 제법 있습니다.

자랑을 하려는 것이 아닙니다. 좋은 학교에 들어가고 돈을 많이 벌 수 있는 직업을 가질 수 있다면 좋지요. 그러나 중요한 것은 "그래서 그 일을 하는 것이 스스로에게 의미가 있고 기쁨이 있는가?"입니다. "행복하냐?"라는 것입니다. 무언가를 얻으려면 또 다른 무언가를 잃어야 하는 것이 세상의 계산법이라고는 하지만, 무엇을 잃고 무엇을 얻어야 하는지를 올바르게 판단할 줄 알 때 우리는 그럼에도 불구하고 행복할 수 있습니다.

사실 저는 목적 중심적인 사람인데다 어릴 적 제가 자란 환경이 그다지 화기애애하지 않아서 열심히 일해서 먹을 것, 입을 것

부족하지 않고 남들에게 손가락질받지 않는 정도면 훌륭한 부모라고 생각한 적이 있었습니다. 그러나 자녀들이 성장하는 것을 보면서 이런 게 다가 아니라는 것을 알게 되었습니다. "돈을 벌고, 명예를 얻는 것이 나만 좋은 것이 아니라 가족에게도 좋은 것이 아니냐?"라고 묻는다면 저는 "맞다!"라고 답할 것입니다. 이것이 틀렸다는 것이 아니라, 돈과 명예만 남는 게 문제인 것입니다. 그 돈을 함께 나눌 사람이 곁에 없고 그 명예를 축하하고 기뻐할 사람이 없다면 그것이 무슨 소용이겠습니까? 단순히 돈을 벌기 위한 목적 하나만을 위해서 일을 한다면 그 일은 참 고달플 것입니다.

아무리 돈을 많이 번다 해도 아침에 일어나서 하기 싫은 일을 하러 가야 한다면 그 인생이 얼마나 불행하겠습니까?

사람이란 늘 자기보다 많은 것을 가진 사람과 자신을 비교하기 마련입니다. 세상에는 좋아하지 않는 일에 묶여 지독하게 불행하게 사는 사람들이 있습니다. 그들은 삶의 질이 아닌 돈 때문에 매여 사는 것입니다. 그러나 당장은 돈이 중요한 것 같아도 인생을 멀리 내다본다면, 사랑하는 일을 해야 합니다. 가치 있다고 여기고 사랑하는 일을 할 때 돈은 자연히 따라오게 됩니다. 쾌락이나 돈이 인생의 목적이 되고, 성공을 가늠하는 기준이 된다면 삶은 속도를 취하는 대신 여유를 내줘야 합니다. 빨리, 더 빨리 남들보다 많이 모으고 높이 올라가야 할 테니까요. 그런 인생은 많이 가져도 인색하고 각박합니다.

그러나 아무리 발버둥을 쳐도 한 치 앞을 내다보지 못하는 것이 인생입니다. 의미 있고 행복한 인생을 살기 위해서는 멀리 내다볼 수 있는 안목과 여유가 필요합니다. 비가 올 때 필요한 것은 걱정이 아니라 우산인 것처럼 상황 파악이 되면 걱정이 아닌 대비를 할 수 있습니다.

원인이나 대상도 없이 막연하게 떠돌아다니듯 느끼는 불안을

'유동불안' 또는 '떠돌이 불안'이라 합니다. 우리는 정확한 상황과 원인은 파악하지 않고 근거 없는 불안에 휩싸이기 쉽습니다. "급할수록 돌아가라."는 말처럼 앞이 보이지 않아 답답하고, 노력해도 큰 성과가 없어도 쉽게 인생을 걸고 타협하지 말고 더욱더 최선을 다해야 합니다. 앞을 내다볼 수 없으니까 되는 대로 살아야겠다고 인생의 태도를 정한다면 이것이야말로 어리석고 비참한 인생입니다.

비록 미래를 예측할 수 있는 능력은 우리에게 없지만, 주어진 상황에 반응하는 방식은 각자가 선택할 수 있습니다. 인생은 각 사람이 선택해서 살아온 모양에 따라 그 결과물도 모두 다릅니다. 그래서 사는 방식이 산다는 것보다 중요합니다. 인생을 살다 보면 간혹 예기치 못했던 일로 갔던 길을 되돌아가야 할 때가 있습니다. 중요한 것은 '잘못 간 것이 아니라, 다시 돌아갈 수 있는가?'입니다. 저는 잘못 갔다는 것을 아는 순간 미련 없이 발길을 돌립니다. 성공할 사람은 자신이 틀린 줄 알면 그 잘못을 깨끗이 인정하고 잘못된 것을 수정합니다. 그러나 실패할 사람은 자신이 틀린 줄 알면서도 끝까지 그 잘못을 인정하지 않고 합리화하기에 급급합니다. 그대는 어떠십니까?

인생을 승리로 이끄는 전술

첫째, 속도보다 방향이 중요함을 알아야 합니다. 헨리 데이비드 소로가 이런 말을 했습니다.

"바쁘게 움직이는 것만으로는 부족하다. 개미들도 늘 바쁘지 않은가! 정말 중요한 것은 무엇 때문에 바쁘게 움직이는가이다."

잠자는 시간, 밥 먹는 시간까지 아껴 가며 남들보다 더 많은 자격을 갖추고, 멀티태스킹 능력을 가졌다 해도 인생에 대한 정확한 방향이 없다면 속도를 내는 만큼 삶의 에너지도 곧 바닥이 날 것입니다. 어떤 사람이 인생을 '메아리'에 비유했습니다. 비유인즉슨 인생은 메아리처럼 우리가 말하고 행동한 것을 그대로 돌려준다는 것입니다. 우리의 삶은 늘 그렇듯이 행동을 반영합니다. 인생은 지난 시간 우리가 준 모든 것을 돌려줍니다. 살아온 인생을 곰곰이 돌아보십시오. 인생의 메아리가 되돌려주는 소리가 들립니까? 속도가 늦어서 만족스럽지 못한 인생이 되었다고 책망하는 것 같습니까? 돌아보면 누구나 속도보다 방향에 문제가 있었음을 깨닫게 될 것입니다. 가장 중요한 일을 위해 방향을 정하고 가장 중요한 일을 하는 것이 잘 사는 인생입니다.

더 빨리, 더 빨리 달려!

잠깐 책을 덮고 생각해 봅시다. 그대의 인생에서 가장 중요한 것이 무엇입니까? 무엇이 되었든 가장 중요하고 가치 있는 것을 발견했다면 세상의 가치나 근거 없는 불안에 요동하지 말고, 멀리 보고 신중하게 나아가십시오. 지금은 안개가 낀 것 같아도 차근차근 용기를 내서 한 발 한 발 성실하게 내딛는다면 언젠가는 반드시 목표 지점에 도달할 수 있습니다. 꿈을 크게 갖고 매일 아침 목표를 기억하며 하루를 시작하십시오.

둘째, 정말 중요한 성공하는 인생의 비결을 알려드리겠습니다. 그것은 새벽을 깨우는 것입니다. '일출을 보려거든 어두울 때 일어나라.'는 한 농부의 말이 생각납니다. 정해진 운명대로만 살아야 한다면 얼마나 따분하고 고루하겠습니까? 인생이 아름다운 건 변화의 가능성이 있기 때문입니다. 열심히 최선을 다해 부지런히 남보다 일찍 노력하면 안 되는 일은 없습니다.

제 인생의 성공 비결은 새벽을 깨워 기도하는 것입니다. 저는 지금도 외부에 나가 있는 날을 제외하고는 하루도 빠짐없이 새벽예배에 참석합니다. 목회를 시작해서 지금까지 새벽을 깨우는 시간이 저에게 얼마나 소중한지를 매 순간 경험하고 있습니다. 35년 전에 아무것도 없는 안산에 교회를 개척하면서 경험한 기적

같은 일은 수도 없이 많습니다.

동산 고등학교를 세우려고 할 때였습니다. 어려움도 있었지만 성도들과 마음을 합하여 십시일반 헌금하며 학교 건립을 준비하고 있었습니다. 그런데 예상하지 못한 문제가 생겼습니다. 정작 학교를 지을 부지가 없다는 것입니다. 안산은 계획 도시여서 돈이 있어도 아무 땅에나 학교를 건립할 수 없었습니다. 그러나 하나님이 주신 비전이라는 확신이 있었기 때문에 포기할 수 없었습니다. 그래서 뜻을 같이 한 교인 천여 명과 함께 학교 부지를 위한 40일 작정 새벽기도를 시작했습니다. 그런데 놀랍게도 이 기도가 끝나기 3일 전에 땅을 계약할 수 있는 기적이 일어났습니다.

이처럼 새벽을 깨워 기도할 때 하나님은 비전도 주시고, 그 비전을 이룰 수 있는 지혜와 능력도 주십니다. 우리 스스로는 한 치 앞도 볼 수 없는 인생이지만 하나님이 함께하시면 불가능한 것이 없습니다. 지금보다 더 나은 인생을 누구나 꿈꿀 수 있고 꿈꿔야 합니다. 그러나 그 꿈이 현실이 되기를 소망한다면 세상의 유혹을 버리고 만물의 주인되신 하나님 아버지와 늘 동행하며 그분과 같은 목적을 품어야 합니다.

틀을 깨고 창의성을 구출하라

애플의 공동 창업자인 버드 트리블에 의하면, 1981년 소프트웨어의 개발이 시작되기도 전에, 스티브 잡스는 벌써 이듬해인 1982년 초로 선적 일정을 확정해 놓았다고 한다. 이 비현실적인 계획을 왜 만류하지 않았느냐고 묻자 버드 트리블은 이렇게 대답했다. "스티브 잡스니까. 1982년 초에 선적을 한다고 말한 이상, 그는 그와 다른 어떤 대답도 들으려 하지 않아요. 이런 상황을 가장 잘 묘사한 방식은 〈스타트렉〉에 나오는 용어이죠. 잡스에게는 현실왜곡장이 있다고나 할까, 그의 앞에서는 현실도 변형 가능합니다.*

창의성을 말하다

요즘 대학이나 기업의 이슈 중 하나는 '21세기형 창조적 리더'를 키우는 것이라고 합니다. 과거 제가 태어나고 자란 20세기에는 창의적인 사람이란, 남들이 생각하지 못하는 엉뚱한 생각과 행동을 하는 사람이라고 생각했습니다. 그도 그럴 것이 창의력을 테스트하는 검사지의 대부분이 단어 하나를 주고 그 단어가 들어간 문장을 많이 만들어 내는 사람에게 점수를 준다거

---

* 정재승, 진중권, 《크로스1》, 웅진지식하우스, 37p, 2012.

나, 신문지로 할 수 있는 것이 무엇인지 나열하도록 하는 과제를 주고 행동을 관찰하는 정도였으니까요.

그런데 21세기에 주목받는 창의적인 능력은 남들이 생각하지 못하는 해결책을 제시하는 것만이 아니라, 개성 있는 통찰력을 요구합니다. 복잡한 현실에서 문제의 본질이 무엇인지 명확하게 파악하는 능력과 문제의 본질을 남들과 다르게 새롭게 정의하는 능력을 말합니다. 또한 황당한 아이디어를 현실 가능한 것이 되도록 구체화할 수 있는 능력을 말합니다.* 이처럼 창의성은 그저 남들보다 머리가 좋은 것을 말하는 것이 아니라, 남들이 생각하지 못한 새로운 것을 생각해 내는 개성과 특성을 말합니다.

창의성은 타고나는 것일까요? 물론 남다른 사고 체계를 가지고 태어나는 사람도 있을 것입니다. 그러나 환경에 의해서 개발되는 사람도 많습니다. 그래서 저는 창의성이 몇몇 사람에게만 국한된 능력이라고 보지 않습니다. 다만, 창의적인 생각이 받아들여지는 환경에 있었는지, 아닌지에 따라 능력의 차이는 분명 있을 것입니다. 그럼, 어떤 사람이 창의적인 능력을 더 많이 가질 수 있을까요? 다음과 같이 3단계로 설명할 수 있습니다.

---

* 정재승, 진중권, 《크로스1》, 웅진지식하우스, 32p, 2012.

1단계는 공상을 잘하는 사람이 가능성이 많습니다. 과거에는 공상을 자주 하는 사람에 대해서 그다지 좋은 이미지가 아니었습니다. 해야 할 일은 하지 않고 현실감이 떨어지는 사람이라는 평이 보편적이었습니다. 그러나 지금은 관점이 달라졌습니다. 공상은 창의력에 다가가는 첫 단추의 역할을 합니다.

2단계는 상상력입니다. 공상이 조금 더 구체화되고 스토리가 단단해지면 상상력의 수준에 다다릅니다. 그리고 스스로에게 이 상상이 '현실 가능할까?'라는 질문을 할 수 있다면 그다음 3단계로 전진할 수 있습니다.

3단계가 바로 창의성입니다. 처음엔 그저 공상이었지만, 상상력에 현실성을 부여하는 실험 정신이 있다면 창의성은 현실이 돼서 우리 생활에 큰 기여를 하게 됩니다.

세상의 모든 사람은 공상을 합니다. 그러나 모두가 스티브 잡스가 되지는 못합니다. 왜일까요? 그것이 가능하다고 생각하지 못하기 때문입니다. 컴퓨터가 처음 나왔을 때 세상은 발칵 뒤집혔습니다. 그동안은 모든 정보를 손으로 쓰고, 그것을 모아두었다가 필요할 때마다 찾곤 했습니다. 늘 그렇게 살아왔기 때문에 대부분의 사람은 그때마다 정보를 찾는 것이 불편하고, 시간이 오래 걸려도 '원래 그런 거니까 할 수 없지.'라고만 생각했습니다.

그런데 누군가가 조금 더 빨리, 편하게 찾을 수는 없을까를 고민했고, 드디어 컴퓨터가 만들어졌습니다. 그러다 노트북이 나오고, 이제는 컴퓨터를 주머니에 넣고 다닐 수 있게 스마트폰이 만

들어졌습니다. 이처럼 꿈을 현실화하는 놀라운 재능과 대담함을 가진 사람들에 의해서 세상은 점점 더 발전하고 편리해지고 있습니다.

그런데 여기서 잠깐! 누구나 공상을 하고 그 공상이 현실이 되기를 바라는 마음이 있으면서도 대부분의 사람은 왜 생각의 자유마저도 마음껏 누리지 못했던 걸까요?

창의성이 외면당했던 시대

첫째, 자유로운 상상마저 제지당했던 암울한 시대적 분위기 때문 아닐까요? 슬프게도 20세기에 교육을 받은 기성세대들은 상상력이 경쟁력임을 배우지 못했습니다. 오히려 상상력이 풍부할수록 현실성이 떨어지고, 사회에 적합하지 않는 사람으로 평가받았습니다. 튀는 것 자체가 문제라는 사회적 인식과 국가적 제재가 상상력과 호기심 대신 보편성을 선택하게 했고, 획일성을 강조하는 조직 문화는 개성을 꽃피우지 못하게 했습니다. 그러다 보니 지금의 상상력과 호기심이 미래에는 현실이 될 수 있다는 기대조차 할 수 없었던 것입니다.

이런 현상은 과거에 우리 세대가 대학을 갈 때 몰렸던 학과들만 봐도 알 수 있습니다. 다들 법대, 상대를 들어가려고 얼마나 애를 썼습니까? 마치 직업은 법조인, 회사원, 정치인, 의사뿐인 줄 알았던 기성세대의 과거를 생각하면 참 아쉽습니다. '다르게 생각하라!'는 스티브 잡스의 인생 철학이라고 합니다. 그리고 이 말은 창의성을 가진 사람들의 인생 모토가 되었습니다.

이런 이야기를 들어 봤습니까? 창의적인 사람들이 기성세대와 동화하는 시기가 빠르고 많을수록 창의력이 줄어든다고 합니다. 기성세대가 강조하는 집단주의가 개인 생각의 자유와 개성을 인정하기보다는 집단의 생각과 틀을 강조하고 그 구조 속에서만 생각하도록 강요하기 때문이라고 합니다. 아이디어 회의를 하자고 모였으면서도 기존의 틀에서 벗어나는 이야기를 하면 대번에 선배들이 이렇게 이야기합니다. "경험상 그건 안 될 것 같은데? 부장님은 그런 거 싫어해."

조직 사회의 질서를 잘 유지하면서도 각 개인의 개성을 인정하고 그 개성으로부터 표출되는 창의적인 아이디어를 뽑기 위해서는 집단주의의 맹점을 인정하고 개선해야 합니다. 책상의 칸막이를 없애고 리더와 평사원들이 모여서 회의를 한다고 자유로운 소통과 창의적인 생각들이 쏟아지는 것은 아닙니다. 이 근본적인 문제를 해결하지 않는다면 아무리 21세기형 인재를 뽑아도 그 소수의 인재들이 다수의 기성세대 등쌀에 못이겨 결국 나가거나 어쩔 수 없이 기성세대에 합류하게 될 것입니다.

둘째, 경험이 최고의 정보라고 믿는 착각 때문입니다. 푸코의 표현을 빌리면 '지식과 권력은 한 몸'입니다. 그래서 예로부터 "아는 것이 힘이다."는 말도 있지 않습니까? 이 말 때문인지 문자가 없던 때는 가장 많은 기억을 가진 사람이 사회에서 권력을 행사했습니다. 하지만 글자가 등장하면서 인간은 정보를 기록하고 저장할 수 있게 되었고, 지식이 기록되고 저장되면서 그것은 사람의 한계를 넘어 무한히 축적되기 시작했습니다.

이제 필요한 정보는 꼭 경험하지 않아도 컴퓨터 앞에 앉아서 인터넷 창을 열고 찾으면 됩니다. 찾고 싶은 것의 단어 몇 개만 키보드에 치고 엔터를 누르면 수많은 연관 정보가 사진과 함께 우리 눈앞에 펼쳐집니다. 우리의 기억보다 더 정확하고 객관적인 정보들을 쉽게 얻을 수 있습니다. 그리고 우리가 상상할 수 있는 그 이상의 정보를 접하게 됩니다.

이 사회적인 현상이 말하는 것이 무엇입니까? 더 이상 우리가 경험하고 아는 것 자체만으로는 힘이 될 수 없다는 것입니다. 이제 중요한 것은 '경험하고 아는 것을 어떻게 재배치해서 사용할 줄 아느냐?'입니다. 그리고 이 재배치 능력이 바로 창의성입니다. 지금은 물론이고 앞으로는 더욱더 상상력과 창의력이 지식보다 중요한 세상이 올 것입니다.

20세기에 태어나 21세기형으로 살아가는 전술

첫째, 기존의 생각의 틀을 깨고 다르게 생각하는 연습을 해야 합니다. 어떤 사람들은 그동안 살아왔던 방식이나 생각의 패턴을 답답해하면서도 버리거나 깰 엄두를 못 냅니다. 버려야 새로운 것이 채워집니다. 또 이런 사람들도 있습니다. 설령 창의성이 남들에게 다 있어도 나한테만은 절대로 없다고 확신하는 사람, 혹시 그대인가요? 창조주 하나님의 정신이 그대에게 있다면, 그대도 기존의 틀을 깨고 다르게 생각할 수 있습니다.

하나님과 인간의 공통된 특징은 '무엇인가를 만들려는 의지와 능력'입니다. 그러나 절대적으로 다른 것이 있다면, 하나님은 무(無)에서 천지를 창조하셨지만, 우리는 무(無)에서 어떤 것도 창조할 수 없습니다. 그래서 우리가 아무리 창의력의 세계에 빠져

들더라도 결코 잊어서는 안 될 것이 창조와 창의성은 다르다는 것입니다. '창조'는 무에서 유를, '창의성'은 이미 있는 것을 재료로 해서 또 다른 것을 만드는 것입니다. 즉 창의성은 하나님이 만드신 것들을 시대에 맞게 재배열할 수 있는 능력을 말합니다.

하나님의 지혜와 통찰이 우리에게 부어지고 우리가 그 능력을 힘입어 무엇인가를 만들어 낼 때마다 이 세상에는 과거에 없던 존재물이 생겨납니다. 그리고 하나님이 그 능력을 우리에게 주시는 한, 상상 세계의 요소들은 끝없이 증가합니다. 마치 우리가 책을 읽을 때마다 그 책을 쓴 작가의 창의성에 가까워지는 것처럼, 그림을 볼 때 화가의 상상력을 간접 경험하는 것처럼, 드라마를 보며 그 결말을 예상하는 것처럼 말입니다.

그럼 하나님의 창조성과 가까워지려면 어떻게 하면 될까요? 하나님과 가까워져야 합니다. 사랑하고 좋아하는 사람과는 가까이 있고 싶고, 가까이 있다 보면 흉내를 내게 됩니다. 그리고 어느새 그 사람에게 있는 좋은 것들이 내 안에서도 발견됩니다. 이처럼 우리가 하나님을 가까이할 때, 하나님의 지혜와 창조성, 상상력이 우리 안에 충만해지는 것입니다.

둘째, 권위주의의 장벽을 허물고 서로 얼굴을 마주 보며 교류할 수 있어야 합니다. 나이와 지위고하를 막론하고 서로의 생각을 교류할 때 창의력은 극대화됩니다. 다른 의견일지라도 판단 없이 나눌 수 있을 때 서로 간에 신뢰도 쌓입니다. 그리고 그 신뢰는 서로가 도약하는 데 큰 도움이 됩니다.

앞으로도 그렇고 인간의 삶과 세상을 이야기할 때 지나온 역사는 너무나 중요합니다. 역사를 전제로 하지 않고는 미래를 예측할 수 없습니다. 그런 면에서 볼 때, 현 사회를 이끌어 가는 기성세대의 역할은 아주 중요합니다. 그러나 과거의 경험만을 가지고 미래를 이야기한다면 우리는 과거 그 이상의 세상을 기대하거나 발전시킬 수 없습니다. 역사를 아는 기성세대와 신선한 아이디어를 가지고 미래를 기대하는 신세대들이 공존하고 협력할 때 안정적인 사회와 환경을 이룰 수 있습니다.

신영복 교수가 이런 말을 했습니다. "미래로 가는 길은 오히려 오래된 과거에서 찾아야 한다." 억압과 제재로 눌러 놓았던 기성세대의 '끼'가 21세기형 리더들을 통해 창의적으로 폭발할 때 세상은 지금보다 더 살기 좋게 될 것이고, 그 모든 것은 우리 자녀들이 누리게 될 것입니다. 생각해 보십시오. 노트북, 스마트폰, 로봇청소기, 집에서도 시동을 걸 수 있는 자동차 키 등, 어디 상상이나 했습니까? 그런데 남들과 다르게 생각하는 소수의 사람들 덕분에 지금 얼마나 멋진 세상이 되었습니까? 상상력이 가능한 세상이라는 것을 의심하지 말고 마음껏 아이디어를 공유하고 실천할 수 있도록 열린 마음으로 다음 세대들을 기대하고 기회를 주어야 합니다.

시간 관리가 승패를 좌우한다

얼마 전에 새로운 폰으로 갈아탔습니다. 솔직히 익숙한 폰이 아닌 다른 기종을 선택하는 것이 쉽지는 않았습니다. 하루에도 여러 번 비서에게 물어봐야 하는 등 적응하려면 시간과 에너지를 쏟아야 한다는 것이 불편했습니다. 단 1분이라도 쪼개 살려는 제게 새 폰은 시간을 갉아먹는 그 무엇 같았습니다. 그런데 이게 웬일입니까?
마음먹고 시간을 투자해서 사용법을 배워 보니 훨씬 더 빠르고 편리하게 전화기의 유용함을 경험하고 있답니다.

시간을 말하다

시간이란 '때'와 '때' 사이의 간격을 말하는데, 이 간격을 '무엇으로 채우고 어떤 결과를 얻느냐?'가 인생입니다. 우리는 태어나는 그 순간부터 자신에게 주어진 시간을 사용합니다. 그래서 우리가 가진 것 중에서 내 의지와 상관없이 쉬지 않고 사용되는 유일한 것도 시간입니다. 더군다나 시간은 소모만 될 뿐 재생 불가능하며 그 어떤 것으로도 대체할 수 없습니다. 무엇보다 시간이 가진 가장 특별한 점은 누구에게나 공평하게 주어지지만 사고팔 수 없다는 것입니다. 차등 없이 주어지는 것인 만큼 모든 권리와 책임도 각 사람에게 있습니다. 그래서 새해가 되면 너나 할 것 없이 시간을 앞에 두고 계획을 세우며 결심을 합니다.

그런데 문제는 누구는 주어진 시간을 현명하게 사용해서 생산적이고 행복한 삶을 사는데, 누구는 늘 소득 없이 번잡하고 피곤한 삶을 살아간다는 것입니다. 사람들과 시간 사용에 관한 이야기를 하다 보면 이런 이야기를 자주 듣습니다. "하루가 24시간밖에 안 된다는 게 참 아쉽다. 28시간만 돼도 살만 할 텐데." 그러면서 항상 시간이 부족하다고 합니다. 그런데 참 재미있는 것은 빌 게이츠나 윈스턴 처칠처럼 전 세계적으로 공사다망한 사람들에게도 하루는 24시간이었다는 것입니다.

그럼, 같은 시간을 보다 효율적이고 규모 있게 사용하는 사람들과 그렇지 못한 사람들의 차이는 무엇 때문일까요? '생산성'입니다. 한 사람이 시간을 규모 있게 잘 사용했는지 아닌지의 여부는 그 시간 안에 이루어진 생산성을 보고 알 수 있습니다. 시간과 생산성의 연관 관계는 단순히 일에 대한 부분만을 놓고 이야기하는 것이 아닙니다. 휴식, 잠, 인간관계, 공부, 운동, 일 등 시간을 드려서 하는 모든 일에는 결과가 있기 마련입니다.

인생 전반에 있어서 좋은 성과를 내는 사람들을 보면 그저 남들보다 시간이 많거나 단순히 많은 시간을 쏟아부어서 된 것이 아닙니다. 시간의 양보다 더 중요한 것은 주어진 시간 내에 집중해서 일을 해내는 것입니다. 그래야 성공할 수 있었습니다.

베짱이와 토끼의 저주에 걸린 시대

시간에 대한 이야기를 할 때 늘 생각나는 우화가 있습니다. '개미와 베짱이', '토끼와 거북이'입니다. 간혹 서점에 가서 진열된 책들을 보면 늘 늠름하게 제자리를 차지하고 있는 것이 시간 관리에 관한 책입니다. 그만큼 이 시대가 원하는 지식 중 하나가 시간 관리라는 것을 알 수 있습니다. 그런데도 여전히 베짱이와 토끼는 줄어들지 않고 있습니다. 도대체 이유가 뭘까요?

첫째, 베짱이의 저주라고나 할까요? 너무나 많은 사람이 시간 관리를 위해 다이어리와 책을 사면서도 '시간은 무한하다.'라는 착각에서 깨어나지를 않습니다. 이 착각을 깨지 않는 한 시간에 비례하는 생산성은 꿈도 꿀 수 없을 뿐더러, 일상이 뒤죽박죽 섞여서 엉망진창이 되고 말 것입니다.

성공하는 사람들에게는 한 가지 공통점이 있습니다. 그것은 흘러가는 시간을 그냥 흘려보내지 않는다는 것입니다. 성공하는 사람들은 그 시간을 붙잡아서 요긴하게 사용하는 습관이 몸에 배어 있습니다. "티끌모아 태산"이라는 속담처럼 아무것도 할 수 없을 것 같은 조각난 시간들을 꾸준하게 활용하면 큰일을 이룰 수 있습니다.

그런데 많은 사람은 5분, 10분, 30분 정도의 시간이 비면 그 시간을 적절하게 활용할 생각은 하지 않고 그냥 멍하니 있거나, 휴

대전화를 만지작거리면서 게임이나 불필요한 통화를 합니다. 그러면서 늘 시간이 부족하다고 아우성입니다. 그러나 5분, 10분, 30분 동안에 할 수 있는 일이 생각 외로 참 많습니다. 3분이면 휴대전화에 있는 성경 한 장을 읽을 수 있습니다. 영어 단어를 외우는 일, 가계부를 적는 일, 부모님에게 안부 전화 드리는 일 등, 5분, 10분이라는 시간 동안 할 수 있는 일은 너무나 많습니다. 나중에 시간을 내서 해야겠다고 생각하는 일들 중의 대부분은 짬나는 시간에 할 수 있습니다.

지하철만큼 책 보기에 좋은 공간도 없습니다. 그런데 많은 사람이 이 틈새 시간을 공략해서 사용할 생각을 하지 않습니다. 긴 시간을 유용하게 보내는 것은 누구나 할 수 있습니다. 그러나 작은 시간을 유용하게 보내는 습관은 결코 쉬운 일이 아닙니다. 시간은 절대 무한하지 않습니다. 쓰고 나면 다시는 재생할 수 없는 것이 시간입니다. 돈 주고 사지 않았다고 시간을 아까워하지 않는다면 그것은 정말 어리석은 일입니다.

둘째, 토끼의 저주입니다. 의외로 많은 사람이 자신이 시간을 낭비하고 있다는 것을 모릅니다. 주기적으로 계획을 세운다거나 다이어리에 기록을 한다고 해서 시간을 효율적으로 사용한다고 할 수는 없습니다. 단순히 뒤에 오는 거북이의 속도를 기준으로 자만심에 빠진 토끼처럼 눈에 보이는 것에 만족한다면 그거야말로 엄청난 계산 착오입니다. “미인과 함께하는 1시간은 1분처럼 느껴지지만 뜨거운 난로 곁에 있는 1분은 1시간처럼 느껴진다.”는 아주 유명한 말이 있습니다. 이 말은 상대성이론을 시간 개념으로 설명하기 위해서 아인슈타인이 했던 말입니다.

하루가 24시간이라는 물리적인 시간 단위는 모든 사람에게 동일하게 주어집니다. 그러나 우리는 누구와 무엇을 하느냐에 따라 10분이 1시간 같고, 1시간이 10분 같을 때가 있습니다. 이처럼 우리가 느끼는 주관적인 시간은 하고 있는 일과 그때의 기분, 상황에 따라 실제 흘러가는 시간과는 전혀 다르게 느껴집니다. 그래서 때로는 중요한 일보다 사소한 일에 필요 이상의 시간을 허비하고도 근거 없는 만족감에 빠지게 됩니다. 그러나 이런 일이 반복될수록 허둥대다 중요한 일을 그르치게 됩니다.

잠시 책을 읽는 것을 멈추고 현재 자신의 시간 사용에 대해서 점검해 봅시다. ‘나는 정말 시간 관리를 잘하고 있나? 중요하고 필요한 일을 위해 충분히 시간을 투자하고 있나?’ 이 땅에 사는 동안 우리에게 시간을 요구하는 일은 끊임없이 발생합니다. 그리고 그 일 중에는 우리의 마음을 흡족하게 하는 일도 꽤 있을 것입니다. 그러나 눈앞에 보이는 사소한 결과에 만족하느라 정말 중요한 것을 놓칠 수 있다는 것을 잊지 맙시다. 이를테면 당장 몸에 이상 증상이 없다고 정기검진을 미루고 급한 일에 쫓겨 몸을 돌볼 중요한 시간을 허비하지 말라는 말입니다.

극작가로 노벨 문학상을 수상했던 조지 버나드 쇼는 생전에 자신의 묘비명을 이렇게 작성해 놓았고 합니다. "우물쭈물하다가 내 이럴 줄 알았지." 94세로 세상을 떠날 때까지 대중 연설, 집필, 사회운동 등 누구보다 왕성한 활동을 했던 그가 왜 이런 묘비명을 작성했을까요? 그 역시 사는 동안 수많은 일과 분주함의 유혹을 받았을 것이고 그로 인해 허비했던 시간을 후회했을 것입니다. 그래서 자신을 다잡기 위해 이렇게 독특한 묘비명을 생각해 낸 것은 아닐까요?

이쯤 되면 이런 생각이 들 겁니다. '그래서 어쩌라고요? 개미와 거북이가 되란 말인가요?' 제 생각은 이렇습니다. 조금 욕심내서 베짱이와 개미, 토끼와 거북이의 특징을 다 합칠 수는 없을까요?

생산성을 높이는 시간 사용의 전술

첫째, 냉정하게 자신의 시간 사용을 확인해야 합니다. 제가 좋은 방법 하나 알려드리겠습니다. 미리 말씀드리지만 쉽지는 않습니다. 하지만 그만큼 변화의 효과는 큽니다. 일주일 동안 자신이 시간을 어떻게 사용하는지를 기록하는 것입니다. 이 방법은 볼펜과 작은 수첩 그리고 의지만 있으면 가능합니다. 방법은 아주 간단합니다.

매일 매 순간 자신이 시간을 어떻게 사용하고 있는지를 기록하는 것입니다. 주의할 점은 아주 구체적이고 사실적으로 기록해야 한다는 것입니다. 이를테면 두루뭉술하게 시간 단위로 기록하는 것이 아니라 분 단위로 기록해야 보다 더 정확하게 자신이 시간을 어떻게 사용하고 있는지 파악할 수 있습니다. 근무 시간을 기록할 때도 근무 시간 동안 무엇을 얼마나 했는지를 구체적으로 기록하는 것이 좋습니다.

예시 이동 시간(출근, 퇴근, 식당 등) : 37분,
화장실 : 6분, 점심식사 : 24분…….

일주일(168시간)이 지난 후 적어 놓은 시간을 같은 것끼리 합산합니다.

예시 식사 시간 : 몇 시간 몇 분, 이동 시간: 몇 시간 몇 분, 세면, 수면, 커피 타임…….

이렇게 사용한 시간을 분류해 보면 실제로 자신이 어디에 시간을 집중적으로 사용하고 있는지 알 수 있습니다. 정말 쉴 새 없이 열심히 하는데도 시간이 부족한 건지, 아니면 의외로 새어 나가는 시간이 많은지를 알 수 있습니다. 어떤 사람은 일주일 동안 사용한 시간을 합산했더니 실제 주어진 168시간이 안 되는 경우도 있었습니다. 도대체 사라진 시간은 어디에 있을까요? 사라진 시간이 많으면 많을수록 그만큼 시간 관리가 안 된다고 보면 됩니다.

물론 일주일 내내 자신이 사용한 시간을 세세하게 기록하는 것이 귀찮을 수도 있습니다. 그러나 시간을 규모 있게 사용하지 못해서 고민이라면 한번 해봅시다. 가장 짧은 시간 안에 변화를 기대할 수 있는 아주 좋은 방법입니다. 특히 유용한 활동들에 사용된 시간과 헛되이 낭비된 시간의 합계를 계산해서 비교해 보면 도움이 됩니다.

둘째, 우선순위를 명확히 하고 그에 따라 시간을 분배하는 훈련을 해야 합니다. 인생은 태어나서 죽을 때까지 끝없는 선택의 연속입니다. 현명한 선택은 성공적인 삶을 만들고, 잘못된 선택은 실패한 삶을 만듭니다. 그렇다면 우리의 선택이 현명한 것인지 아닌지 어떻게 알 수 있을까요? 시간을 분배하여 사용하는 기준을 보면 알 수 있습니다.

"중요한 일에 우선순위를 두는가? 아니면 늘 급한 일을 쫓아다니느라 정신이 없는가?"

규칙적으로 운동을 하고 틈틈이 충분한 휴식을 취하는 것은 긴급하지는 않지만 앞으로의 인생을 위해서 매우 중요한 일입니다. 지금은 먼 미래같지만 노후를 위해 저축을 하고 보험에 가입하는 일도 매우 중요합니다. TV 시청, 인터넷, 게임, 전화 통화 등은 하고 싶은 일이지만 중요한 일은 아닙니다. 그런데 우리 중에 많은 사람이 별로 중요하지도 않은 일 때문에 너무나 중요한 일을 뒤로 미루는 실수를 자주합니다. 긴급한 일에 반응하느라 분주해서 중요한 일을 무시하는 것은 가난과 불행으로 가는 지름길을 선택하는 것과 같습니다.

인생이란 당장 즐거움을 주는 긴급한 일과 장기적인 보상을 주는 중요한 일 중에서 한 가지를 선택해야 하는 과정입니다. 급한 일 말고, 내가 지금 하고 싶은 것 말고, 가장 중요한 일을 선택하십시오. 그리고 그 일을 위해 하루 중 가장 집중력이 좋은 시간을 할애하십시오. 알렉산더 그레이엄 벨이 이런 말을 했습니다. "지금 주어진 일에 모든 생각을 집중하라. 햇빛은 초점을 맞출 때까지 절대로 종이를 태우지 못한다." 가장 중요한 일을 위해 시간을 확보하고 누구도 그 시간을 방해하지 못하도록 노력해야 합니다. 그리고 그 시간 동안 최고의 생산성을 높이기 위해 집중하십시오. 시간 관리가 인생의 질과 승패를 좌우합니다.

팀! 팀플레이!
혼자 놀다 망한다

저희 교회 오케스트라에 팀파니라는 악기가 있습니다.
좁은 무대를 가장 많이 차지하고 있으면서 웬만해선 소리를 들려주지 않는 그 악기를 볼 때마다 효율성을 최고로 생각하는 제 성격상 가끔은 "저 악기는 뭘 하는 거지?"라는 의문이 들었습니다.
그날도 음악이 다 끝나가도록 그저 그 자리에 있기만 한 그 악기를 못마땅하게 쳐다보고 있는데 부드럽지만 힘 있게 청중을 사로잡는 한 방의 북소리에 팀파니의 존재 이유에 대한 의문이 사라졌습니다.

팀워크, 하나 됨을 말하다

현재 지구촌에는 UN에 등록된 나라 수만 193개국입니다. 이 나라들은 언어와 문화가 다른 것은 말할 것도 없고, 각 나라만의 독특한 국민성과 전통을 가지고 있습니다. 그런데 이 193개국 모두가 공통적으로 강조하는 것이 있습니다. 바로 하나 됨입니다. 우리나라도 예외는 아닙니다. 워낙 전쟁을 많이 겪고 분단의 아픔 중에 있어서 그런지 우리나라는 유독 하나 됨을 강조합니다.

실제로 위기가 닥칠 때마다 국민이 하나가 되어 이겨 낸 적도 여러 번 있습니다.

아프리카 원주민 속담에 "빨리 가려거든 혼자 가라. 멀리 가려거든 함께 가라. 외나무가 되려거든 혼자 서라. 푸른 숲이 되려거든 함께 서라."가 있습니다. 혼자 빛나는 별이 없듯이 인생과 일에서 좋은 열매를 거두려면 함께하는 사람들과의 협력, 하나 됨이 중요합니다. 그래서 대기업 신입사원 연수 때 개인의 능력보다 중요하게 평가하는 것이 팀워크라고 합니다. 서로 협동하여 연대감을 이루고 높은 생산성을 이끌어 내는 능력은 좋은 리더의 자질이기 때문입니다.

그런데 다른 측면에서 생각해 보면 팀워크, 하나 됨이 강조된다는 것은 그만큼 그 부분이 부족하다는 말이기도 합니다. 사실 정신적인 측면에서는 팀워크가 강조되지만 문화적인 측면을 보면 이야기가 달라집니다. 혼자 사는 세상이 온 지 이미 오래입니다.

컴퓨터와 스마트폰만 있으면 혼자서도 먹고 싶은 거 다 먹으면서 얼마든지 즐길 수 있습니다. 관계에 얽혀서 피곤해할 필요 없이 혼자 집에서 일하면서 돈도 벌 수 있습니다. 물론 외로움이라는 대가를 지불해야 하지만, 많은 사람은 그 외로움마저 자신의 일부로 받아들여 복잡하게 얽히느니 혼자 사는 게 낫다고 생각합니다.

게다가 한 자녀를 둔 가정이 많다 보니 아이들은 서로 양보하며 협력하는 것을 배우기가 더 어려워졌습니다. 그래서 요즘은 어딜 가든 자기중심적인 사람들로 넘쳐납니다. 이러한 현상은 이미 사회적인 문제가 되었고, 머지않아 사회구조에 큰 변화를 요구하게 될 것입니다. 그러나 아무리 세상이 변해도 인생과 사회는 개인전이 아니라 단체전이며, 독주(獨走)가 아니라 계주(繼走)라는 것을 잊지 말아야 합니다. 〈전도서〉 4장 12절에 이런 말씀이 있습니다.

> "한 사람이면 패하겠거니와 두 사람이면 맞설 수 있나니 세 겹 줄은 쉽게 끊어지지 아니하느니라"

그런데 가만히 세상을 들여다보면 진짜 요지경입니다. 한쪽에서는 '인생은 혼자야, 나 혼자도 잘 산다.'를 외치면서도 또 다른 쪽에서는 혼자 너무 외로워서 그랬다며 온갖 범죄와 정신적 질병이 우후죽순 발생합니다. 도대체 왜 이러는 걸까요?

혼자? 함께? 요지경 세상

첫째, 왜곡된 자기애 때문입니다. 지나친 자기 사랑이 오히려 자신을 속박하고 외롭게 합니다. 자기가 원하는 만큼 인정받지 못하고 사랑받지 못할 때 누구나 서운한 마음이 듭니다. 하지만 그 서운한 마음을 그때그때 털어 내지 않고 차곡차곡 마음에 쌓았다가 결국 깊고 큰 상처로 만들어서 동굴 속으로 들어가 버리는 사람들이 있습니다.

사실 객관적으로 보면 별로 대단한 일도 아닌데 자기애가 충만한 사람은 원하는 만큼의 사랑과 관심을 이끌어 내기 위해서 상처받았다는 슬픈 가면을 자주 사용합니다. 이들은 자주 "사람들과 부대끼고 생활하면서 갈등을 극복해 나가기에는 자신도 없고 그럴 수 있는 힘도 없어요."라고 말합니다. 하지만 실은 상처받기 싫은 자기애에서 비롯된 행동입니다.

우리가 살면서 착각하는 것 중에 하나는 자기표현이 약한 사람은 자존감이 낮아서 쉽게 상처받기 때문에 잘 돌봐야 하고 무조

건적인 배려가 필요하다는 것입니다. 어느 정도 맞는 부분도 있습니다. 그러나 깊은 자기 연민과 자기 사랑에 갇혀 교묘하게 사람들을 조종하려는 사람도 있습니다. 감정적인 연약함을 무기 삼아 사람들에게 비정상적인 관계를 요구합니다.

이처럼 지나친 자기애는 질병과 같아서 혼자 있으면 있을수록 그 병이 깊어질 뿐입니다. 결국 지나친 자기 사랑에 갇혀서 정신적인 질병에 이르게 되고 극단적인 행동을 하기도 합니다. 이런 사람일수록 과감하게 사람들과 부딪히면서 존재의 보편성 안에서 모든 사람이 소중한 존재임을 깨달아야 합니다.

둘째, 혼자 사는 것이 강조되는 문화 때문입니다. 식당이나 카페에 가면 혼자 앉아서 밥을 먹고 커피를 마시는 사람들을 종종 볼 수 있습니다. 어쩔 수 없이 혼자 먹어야 하는 상황이 있을 수 있습니다. 그리고 때로 혼자 보내는 시간도 필요합니다. 하지만 요즘은 혼자 사는 인생이 너무 아름답고 행복하게만 미화되는 것 같아 염려스럽습니다. 우연히 보게 된 TV 프로그램에서 한 심리학자가 했던 말이 마음에 남습니다. 밥을 먹더라도 혼자 먹으면 사료가 되고, 함께 먹으면 식사가 된다고 하더군요.

자녀들이 이 세상에서 필요한 사람이 되고 성공하기를 바란다면, 사람들과 함께 사는 법을 가르쳐야 합니다. 이 세상 어디에도 모두를 합친 것보다 현명한 사람은 없습니다. 제아무리 뛰어난 능력을 지닌 사람일지라도 그 능력을 발휘할 곳과 인정해 주는 사람이 없다면 무슨 소용이 있겠습니까? '외로움'이 이 시대의 화두라면 '더불어 살아가는 것, 바로 하나 됨'이 그 해답입니다.

요지경 속에서 팀워크를 이루는 전술

첫째, 우리가 팀이라는 마음을 가져야 합니다. 다르게 표현하면 '우리라는 연대감'을 가져야 합니다. '연대감'은 "한 덩어리로 서로 연결되어 있음을 느끼는 마음"입니다. 연대감을 가장 잘 표현한 다른 말은 '소통'입니다. 팀워크를 방해하는 가장 큰 장애가 '소통의 어려움'이라고 전문가들은 말합니다. 자신이 튀고 싶고, 자신의 의견이 채택돼서 인정받고 싶은 마음이 불쑥불쑥 올라오더라도 가장 우선이 돼야 하는 것은 '우리가 팀'이라는 것입니다.

한국 사람들은 워낙 가부장적이고 성질이 급해서 소통하는 시간을 잘 견디지 못합니다. 그래서 나이 많은 사람, 직급이 높은 사람, 오래된 사람들이 주장하면 대부분의 사람이 못 이기는 척 따라나섭니다. 그런데 결과는 어떤가요?

일은 물론이려니와 관계마저도 쉽지 않습니다. 우리는커녕 남보다 못한 사이가 태반입니다. 멀리 볼 것도 없이 부부 사이만 봐도 그렇습니다. 솔직히 일이 아무리 힘들어도, 경제적으로 어려워도 부부가 이심전심이라면, 직원들 간에 이심전심이라면, 교회 공동체가 이심전심이라면 산을 옮겨 바다를 메우는 일이라 한들

못하겠습니까? 내가 팀원들에게 원하는 것을 다른 팀원들도 원할 수 있다는 생각을 하면서 서로를 소중하게 여기고 그 마음을 헤아리려는 노력을 해야 합니다.

둘째, 협동하는 훈련을 해야 합니다. '협동'은 "마음만이 아니라 힘을 하나로 합하는 것"을 말합니다. 도미노를 해 본 적이 있습니까? 도미노는 작은 직사각형의 플라스틱 조각을 가지고 사람들이 팀을 이루어 함께하는 놀이입니다.

팀원들이 그 팀의 비전이나 목표를 글씨나 그림으로 그리고 그 위에 도미노를 쌓는 것입니다. 다 완성이 되면 팀 대표가 나와서 맨 앞에 있는 조각을 손으로 톡 쳐서 쓰러뜨립니다. 그럼 그 힘을 받아 도미노들이 마치 파도에 쓸려가듯이 차례로 쓰러지면서 그림이나 글씨가 나타납니다.

그런데 이 도미노를 쌓는 게 생각보다 쉽지 않습니다. 어느 정도 다 쌓았다 싶으면 꼭 누군가의 실수로 그동안 쌓은 조각들이 모래성처럼 순식간에 쓰러져 버립니다.

놀이를 처음 시작했을 때는 의욕도 있고 기대하는 마음도 커서 설령 반 이상 완성한 것을 누군가가 쓰러뜨려도 다들 괜찮다고 하면서 서로를 격려합니다. 하지만 도미노 조각이 쓰러지는 일이 반복될수록 팀원들은 마음이 상하고 조각을 쓰러뜨리는 사람을 팀에서 제외하고 싶은 마음이 듭니다.

이런 마음의 동요와 갈등을 수없이 겪고 드디어 도미노가 완성됩니다. 그리고 폭죽 소리와 함께 도미노가 연달아 쓰러지면서 팀의 비전이 완성되는 것을 보는 순간, 그간의 마음고생과 원망은 온데간데없이 사라지고 팀을 이루었던 사람들은 모두가 얼싸안고 우리가 함께 이루었다며 눈물의 환호를 외칩니다.

협동한다는 것은 바로 이와 같습니다. 비록 시간이 지체되고 원치 않는 실수가 반복적으로 일어나더라도 한마음이 되어 끝까지 협력하는 것, 낙심하여 쓰러져 있거나 부족해서 뒤처져 있는 사람을 격려하며 함께 이루어 가는 것이 협동입니다.

이 능력은 거저 얻어지거나 타고나는 것이 아니라, 훈련과 경험을 통해 얻어집니다. 혼자가 아닌 '우리'와 '팀'을 소중하게 여기며 내가 가진 능력으로 다른 사람을 섬기고 함께 성장하는 것이 바로 협동입니다.

셋째, 나만이 아니라 다른 사람을 사랑할 수 있어야 합니다. 팀워크의 완성은 사랑입니다.

"무엇보다도 뜨겁게 서로 사랑할지니 사랑은 허다한 죄를 덮느니라"

–베드로전서 4장 8절

"그러므로 주 안에서 갇힌 내가 너희를 권하노니 너희가 부르심을 받은 일에 합당하게 행하여 모든 겸손과 온유로 하고 오래 참음으로 사랑 가운데서 서로 용납하고 평안의 매는 줄로 성령이 하나 되게 하신 것을 힘써 지키라" **–에베소서 4장 1~3절**

미움 때문에 분열의 마음이 생길 때, 교만한 마음 때문에 다른 사람을 함부로 대하고 싶을 때, 이기적인 마음 때문에 내 욕심을 채우려 할 때, 하나님의 사랑이 내 심령을 겸손하고 온유하게 하셔서 하나 됨을 힘써 지킬 수 있도록 기도해야 합니다.

계산 없이 마음을 나누고 각 사람의 은사가 빛을 발하며 서로의 부족함을 채우며 함께 성장할 때 성취의 열매는 덤으로 얻어지는 것입니다.

남과 비교해서

완벽에 이르려는 노력은

불행에 이르는 가장 확실한 길입니다.

3단계
•
현실 앞에서 무기 정비

결혼, 두려움을 이길 연합

그 둘이 한 몸이 될지니라 이러한즉 이제 둘이 아니요 한 몸이니 그러므로 하나님이 짝지어 주신 것을 사람이 나누지 못 할지니라 하시더라 _〈마가복음〉 10장 8~9절

결혼을 말하다

유명한 상담학자 폴 투르니에는 "사람이 혼자 할 수 없는 일이 두 가지 있다. 하나는 결혼이고 또 하나는 그리스도인이 되는 것이다."라고 했습니다. 결혼의 사전적 의미를 봐도 "결혼이란 남녀 두 사람이 정식으로 부부 관계를 맺는 것"이라고 정의합니다. 요즘은 자유를 꿈꾸며 혼자 사는 사람도 많지만 여전히 결혼을 갈망하는 사람도 많습니다. 제 스케줄을 보면 명절을 제외한 대부분의 토요일 낮 시간은 결혼식 주례로 꽉 차 있습니다.

주례를 부탁하러 오는 커플을 만나 보면 하나같이 얼마나 설레어 하며 사랑이 가득한 눈으로 서로를 바라보는지 정말 '좋을 때이다.'라는 말이 절로 나옵니다. 그런데 참 안타까운 것은 이혼율도 만만치 않게 높아지고 있다는 것입니다. 현재 한국의 이혼율은 세계 3위라고 합니다. 도대체 무엇이 문제입니까? 혼인 서약이 가짜였을까요? 아니면 결혼 제도가 문제인가요?

결혼에서 가장 중요한 것은 '두 사람이 함께한다.'는 것입니다. 그런데 어떤 사람들은 순전히 자신의 부족함과 사랑받고 싶은 욕망을 채우기 위해 결혼을 합니다. 그리하면 그 결혼은 '병든 결혼'이 되고 말 것입니다. 산다는 것이 감정으로만 이루어지지 않기 때문에 결혼에 대해서도 감정과 더불어서 현실을 생각해야 합니다. 결혼은 현실입니다. 연애와 결혼 생활은 다를 수밖에 없다는 사실을 인정하고 받아들이지 않으면 결혼 생활은 쉽지 않습니다. 마음은 늘 연애 때처럼 내 배우자가 1순위이지만, 생활에서는 자녀와 부모가 있고, 직장 생활도 해야 하고, 공동체도 섬겨야 합니다.

결혼 초에 누구나 겪는 일 중에 하나가 무엇입니까? 남편의 퇴근을 기다리는 아내와 칼퇴근을 할 수 없는 남편의 갈등입니다.

아이가 태어나면 어떤가요? 하루 종일 집에서 아이를 돌보는 아내는 여전히 남편이 오기만을 간절히 기다립니다. 그러나 신혼 때와는 그 목적이 다릅니다. 그래서 어떤 남편은 자진해서 회사를 지키기도 한답니다.

이와 같이 결혼을 하면 시간이 지날수록 환경이 바뀌고, 그에 따라 부부의 역할과 가족의 구조도 조금씩 변해 갑니다. 그러면서 콩깍지도 벗겨지고 결혼 전에 가졌던 이상도 현실과 만나게 됩니다. 그런데 이 현실적인 변화는 생각하지 않고 여전히 자신의 욕구에만 집중한다면 어려움을 피해가기란 쉽지 않습니다. 실제로 적지 않은 사람들이 결혼 생활의 고비를 잘 넘기지 못하고 감정적 이혼 상태로 살거나 아예 남남이 됩니다.

"사랑은 사랑하고자 애쓰는 자의 편이다."라는 말이 있습니다. 아무리 연애를 오래 했어도 결혼을 하면 처음부터 다시 서로를 사랑하는 법을 배워야 합니다. 결혼 서약은 아무런 희생도 필요 없는 값싼 사랑을 약속하는 것이 아닙니다. 오히려 나 자신을 희생해서 검은 머리가 파뿌리가 되는 그 긴 시간 동안 사랑하겠다는 약속을 하는 것입니다. 사는 동안 행동하는 사랑을 하겠다는 자신의 결단을 하나님과 배우자와 사람들 앞에서 선포하는 것이 결혼 서약입니다. 그래서 결혼은 감정뿐 아니라 의지를 발휘해서 두 사람이 완성해 가는 것입니다.

힘든 세상을 돌파하는 첫 번째 무기 : 결혼

성경은 결혼을 친밀한 관계로 표현합니다. 관계만큼 인격 속에 깊이 파고드는 것은 없습니다. 인격의 깊은 필요는 오직 관계를 통해서만 채워질 수 있습니다. 그래서 두 사람이 삶과 생각에 이르기까지 배우자와 연합하기 위해 노력할 때 온전한 한 몸이 된다고 성경은 말합니다. 성경에 표현되고 있는 결혼 생활을 잘 살펴보면 하나님과 그분의 신부가 서로에 대해서 별 관심 없이 각자의 삶을 살았던 것처럼 보이지는 않습니다.

오히려 그 반대로 온유함과 끝없는 사랑으로 배우자를 보살피며 자기 부인과 희생, 고난도 결혼의 한 부분이며 결혼의 목적이 서로를 사랑하는 것이라고 분명하게 말하고 있습니다(엡 5:25; 딛 2:4). 그리고 그 사랑은 예수님이 몸소 보이신 것처럼 자기를 내어 주는 헌신적인 사랑을 통해서 깊어진다고 말합니다.

예전에 본 영화에 이런 장면이 있었습니다. 떠나는 여자를 향해서 남자 주인공이 이렇게 말합니다. “어떻게 사랑이 변하니!” 이 영화를 보고 어떤 사람은 이렇게 말합니다. “사랑이 변하는 게 아니라, 사람이 변하는 거야.” 사람이 변해서 사랑이 다른 사람에게 옮겨 간다면 그건 정말 괴롭고 슬픈 일입니다.

그러나 함께하는 시간을 통해 사람이 더 성숙해지고 사랑이 더 깊어진다면 이보다 더 좋을 수는 없습니다. 성경이 말하는 결혼은 바로 이와 같습니다. 서로가 서로를 위해 희생적인 사랑을 할 때 결혼한 두 사람과 더불어 그 둘의 결혼 관계도 성숙하게 됩니다. 내 남편을, 내 아내를 위해 '무엇을 해 줄 수 있을까?'를 생각하는 사랑은 늘 행동을 동반합니다. 그리고 이 행동이 동반된 사랑을 주고받는 결혼 생활은 행복합니다.

검은 머리가 파뿌리가 될 때까지 신뢰하고 사랑하겠다는 서약은 끊임없이 성숙한 관계를 위해서 노력하겠다는 약속이기도 합니다. 성숙한 사랑은 결혼과 함께 시작되는 생로병사, 희로애락 모두를 아무 불평 없이 끌어안는 것입니다. 그리고 이 과정을 통해 남편과 아내는 세상에 둘도 없는 동지가 되며 성경은 이 관계를 '한 몸, 연합'이라고 이야기합니다.

연합이란 기쁨 가운데 하나가 되며 변화의 순간마다 동지가 된다는 의미입니다.

이런 글이 있습니다.

"서로에 대한 사랑이 부부를 만드는 것이 아니라 하나님과 사람 앞에서 하는 결혼식이 남편과 아내가 되게 한다. 또한 두 사람의 사랑이 결혼 생활을 유지시켜 주는 것이 아니라 결혼이 두 사람의 사랑을 유지시켜 주는 것이다."

자기의 욕망과 욕구가 제일인 악하고 음란한 세상에서 결혼이라는 관계를 지키기 위해 인내하며 희생적인 사랑을 하라는 성경의 가르침이 답답하게 느껴질 수도 있습니다. 하지만 온전한 연합을 이룬 결혼을 통해서 누릴 수 있는 관계의 유익은 그만큼의 대가를 지불해도 결코 아깝지 않습니다. 행복한 결혼 생활, 연합의 기쁨을 누리는 결혼 생활을 위해 몇 가지 제안하려고 합니다.

세상의 결혼 풍토를 이길 무기 사용설명서

첫째, 영적인 연합을 위해 대가를 지불해야 합니다. 영적 연합이란 서로의 내면의 필요를 알고 그 필요가 채워질 수 있도록 돕는 것을 말합니다. 영적 연합에서 중요한 것은 안정감과 존재감입니다. 안정감은 내가 진정으로 사랑받고 있으며 받아들여지고 있다는 느낌을 말하며, 존재감은 내가 다른 사람에게 중요하게 긍정적인 영향을 미치고 있다는 느낌을 말합니다.

그런데 이 안정감과 존재감을 오직 배우자에게서 채우려고 하면 문제가 생깁니다. 영적인 연합은 부부가 하나님과 함께하는 것을 의미합니다. 영적인 연합에 있어서 무엇보다 중요한 것은 남편과 아내 각 사람이 자신의 깊은 인격적 필요를 온전히 채우시는 분은 배우자 이전에 하나님이심을 믿는 것입니다. 그래야 결혼을 그리스도 안에서 삶을 나누는 거룩한 경험으로 받아들이고 자신의 안정감과 존재의 근거를 하나님에게 두고 두 사람이 함께 하나님을 의지하며 영적 연합을 이루어 갈 수 있습니다.

결혼식장에서 눈물 흘리며 죽을 때까지 이 남자만을, 이 여자만을 사랑하겠노라고 고백한다 할지라도 그 사랑을 유지하고 간직할 능력이 우리에게는 없습니다. 내 뱃속에서 나온 자식도 미울 때가 있는데, 아무리 뜨겁게 사랑했던 기억이 있다고 한들 평생을 내 힘으로 남편을, 아내를 사랑할 수 있다고 자신한다면 그것은 오만입니다.

그래서 우리는 사랑이신 하나님에게 기도해야 합니다. 서로를 향한 사랑이 고갈되지 않도록 우리의 사랑이 더욱더 성숙해지고 깊어지도록 기도해야 합니다. 건강한 결혼 생활을 깨뜨리지 않고 유지하기 위해서는 하나님의 사랑이 날마다 채워져야 합니다. 그러기 위해서는 철저히 하나님을 의지하고 하나님 안에 거해야 합

이제부터 우리는
한 몸 연합된 부부야!

니다. 우리의 사랑이 거룩한 하나님의 영 안에 머물러야 합니다.

둘째, 정신적 연합을 위해서 대가를 지불해야 합니다. 영적 연합이 부부가 하나님과의 관계를 통해 안정감과 존재감을 충족하는 데 초점이 있다면, 정신적 연합은 '남편과 아내의 관계'에 초점이 있습니다. 정신적 연합은 건강하고 친밀한 관계를 통해 부부가 서로의 인격적 필요를 채워 주는 상호 헌신의 관계를 말합니다. 그래서 정신적 연합의 기초는 섬김입니다.

또한 부부의 정신적 연합은 주관적으로 느끼는 아주 친밀한 관계이기 때문에 대화와 성관계를 통해서 온전히 표현될 수 있습니다. 특히 대화는 서로를 이해하고 받아들이는 아주 중요한 과정입니다. 서로를 이해한다는 것은 만족스러운 부부 관계를 이루는 데 아주 필수적인 요소이며, 배우자에게 줄 수 있는 가장 훌륭한 선물입니다. 폴 투르니에는 "최소한 한 사람이라도 나를 이해하고 있다는 확신이 없다면 우리는 이 세상에서 자신을 자유로이 개발해 나갈 수도 없고 삶을 만끽할 수도 없을 것이다."라고 했습니다.

셋째, 육체적 연합입니다. 부부 관계에서 대화 문제만큼 어려움을 주는 것 중에 하나는 성문제입니다. 앞에서도 언급했듯이 결혼의 인격적 의미는 정신적 연합에 의해서 좌우됩니다. 그리고 정신적 연합은 영적인 연합 없이는 쉽지 않습니다. 이 두 연합이 이루어질 때, 관계는 역동성이 있고 친밀해지며 육체적 연합도 이전과는 다른 친밀감을 경험하게 됩니다. 자신의 안정감과 존재감을 하나님으로부터 채움받고 배우자의 필요를 채우는 부부는 육체적인 관계를 통해서도 서로를 존귀하게 여기며 충만한 만족감을 누리게 됩니다.

종교사상가 헨리 드러먼드는 "인생을 돌아보면 제대로 살았다고 생각되는 순간은 사랑하는 마음으로 살았던 순간뿐이다."라고 했습니다. 오늘도 내가 사랑하기를 결단하고 남편을, 아내를 사랑하기 위해 헌신할 때 우리는 이 험한 세상을 살아갈 힘과 동지를 얻게 됩니다.

가족,
끊어지지 않는 삼 겹 줄

한 사람이면 패하겠거니와 두 사람이면 맞설 수 있나니
세 겹줄은 쉽게 끊어지지 아니하느니라 _〈전도서〉 4장 12절

가족을 말하다

〈가족〉이라는 영화 포스터에 이런 문구가 적혀 있습니다. '가족, 함께 있으면 마음의 눈물이 젖어 옵니다.' 제 어린 시절을 생각하면 지금도 가끔 가슴이 먹먹합니다. 전쟁과 가난으로 일찍 어머니와 형제 여럿을 잃고 삶의 무게에 눌려 술과 노름에 빠져 있던 아버지, 동생들을 돌봐야 한다는 책임감에 어린 나이에 장가들어 방황하던 큰형. 그때를 생각하면 지금도 마음 한 구석이 저려옵니다. 그 시절에는 내 가족이 싫고 부끄러웠던 적

도 있었습니다. 그러나 가족이기에 그 숱한 세월을 씨름하며 지금도 함께 살고 있습니다.

1950년대 이후 우리나라는 급격한 사회 변화를 겪었습니다. 그에 따라 가족 관계에도 많은 변화가 일어났습니다. 대가족으로 살던 가족들이 뿔뿔이 흩어지면서 핵가족이라는 새로운 가족 구조를 받아들이게 되었습니다. 그러면서 대가족이 가지고 있던 결속력과 질서 등의 기능이 약화되고 세대 간의 질서보다는 평등이 강조되었습니다.

더불어 여성의 사회 활동이 증가하면서 가족의 모습은 큰 변화를 겪어야 했습니다. 이 변화들이 가져온 긍정적인 부분과 편리함이 분명히 있지만 반면에 과거에는 발생하지 않았던 가족 내의 문제들이 확산되고 있는 것도 사실입니다. 게다가 요즘 세상이 얼마나 변했습니까? 사회 변화의 과정을 거치면서 아이나 어른이나 생활 방식이 점점 서양의 모습을 닮아가고 있습니다.

또한, 1997년 IMF 이후로 경제 활동의 많은 부분에 여성들이 대거 투입되면서 경제적 흐름의 동향뿐 아니라 가족의 질서와 구조 또한 많이 변하고 있습니다. 어떤 면에서는 부부의 맞벌이로 자아실현의 가능성이 높아지고 경제적인 여유가 생긴 것은 사실입니다. 그러나 가족 구성원 간의 역할에 혼란이 오면서 단란한 가정 생활은 점점 멀어지고 있습니다. "댁네 가족은 평안하십니까?"라는 물음에 흔쾌히 "네, 물론입니다."라고 대답할 사람이 얼마나 있을까요?

'가화만사성'(家和萬事成)이라는 말이 있습니다. '집안이 화목하면 모든 일이 잘 이루어진다.'는 뜻입니다. 어떻게 하면 가화만사성의 기쁨을 모든 가정이 누릴 수 있을까요? 이미 어둠의 권세는 이 땅의 수많은 가정과 가족을 삼켰고, 지금도 끊임없이 우리의 가족을 무너뜨리고 분열시키고 있습니다. 지금 이 시대의 화두가 가족, 자녀, 부부인 것만 봐도 알 수 있습니다. 도대체 어떻게 해야 이 악하고 음란한 세상으로부터 가족을 지킬 수 있을까요?

힘든 세상을 돌파하는 두 번째 무기 : 가족

〈전도서〉 4장 12절에 이런 말씀이 있습니다.

"한 사람이면 패하겠거니와 두 사람이면 맞설 수 있나니 세 겹 줄은 쉽게 끊어지지 아니하느니라"

이 말씀에서 "세 겹 줄"이란 앞의 "두 사람"에서 하나를 더한 수를 뜻하는 것으로 서로 연합할 수 있는 두 사람 이상의 수를 의미합니다. 유대인에게 있어서 '3'은 완전수를 상징하기 때문에 세 겹 줄은 단결된 힘의 온전함을 나타내는 말이기도 합니다. 그리고 이와 같이 단결된 힘은 신약 시대에 와서는 기도 생활에 있어서 필수적인 연합의 능력을 설명할 때 사용됩니다(마 18:19, 20; 요 17:21~23; 행 1:14; 엡 4:12; 빌 2:2, 4:2).

가정 안에서조차 서로가 가족임을 느끼기 어려운 요즘, 그럼에도 불구하고 우리 믿는 사람들은 이 말씀을 기억하며 힘써 이 악한 세상으로부터 서로를 지켜야 합니다. 밉다, 밉다 해도 힘들 때, 세상이 외면할 때 그래도 가족이 제일입니다. 가족의 지지와 격려는 다시 일어설 수 있는 힘을 주고, 악한 길에서 돌이킬 수 있는 용기를 줍니다. 말씀과 같이 혼자면 무너지고 패하겠지만 두 사람이면 맞설 수 있고, 세 사람이면 쉽게 무너지지 않습니다. 힘든 세상에서 무너지지 않고 정면으로 돌파해서 승리하려면 가정을 바로 세워야 합니다.

첫째, 하나님을 우리 가족의 아버지로 인정하며 영적인 질서를 바로 세워야 합니다. 내 가정도, 내 자녀도 내 소유가 아니라 하나님 아버지의 주권 아래 있음을 인정하며 날마다 하나님 아버지의 마음으로 가족과 자녀를 돌보는 것이 중요합니다. 요즘 보면 부모와 자녀들이 같은 옷을 입고 다니는 것을 볼 수 있습니다. 우리 때는 볼 수 없었던 모습이라 보기가 좋으면서도 내심 염려가 되기도 합니다. 모습만 부모의 미니어처로 만드는 것이 아니라 아이의 존재까지도 부모가 조정하려 하면 어쩌나 하는 마음이 문뜩문뜩 들기 때문입니다.

남편과 아내의 관계도 마찬가지입니다. 성경을 오해해서 가부장적인 태도로 엄마에게 군림하는 아버지를 보고 자란 자녀들은 아버지와 하나님에 대한 신뢰를 갖기 어렵습니다. 요즘 자녀 교육에 대한 식을 줄 모르는 관심도 걱정이 됩니다. 상담이나 심리에 대한 지식이 보편화되면서 웬만한 부모는 준상담자 수준의 지식과 간접 경험을 가지고 있습니다. 그래서 혹여 내 아이가 잘못될까 조심조심 귀하게 키우다 보니 가정에서 아이가 제일 큰 어른이 되었습니다.

그런데 문제는 아이 잘 키우려다가 부부 관계는 소원해지고 부모님을 섬기는 일도 뒷전이 되고 맙니다. 요즘 엄마들 사이에서 자주 하는 말 중에 하나가 "내 자식한테 쓸 돈도 부족한데 부모님에게 어떻게 더 드려요!"라고 합니다. 하나는 알고 둘은 모르는 말입니다. 그 아이가 자라서 어떤 사람이 될까요? 험한 세상, 승리하며 살기 위해서는 가정의 질서를 바로 세워야 합니다. 하나님 아버지를 가장으로 모시고 거룩한 질서 안에서 서로를 섬길 때 진정한 사랑과 신뢰로 뭉친 가족이 됩니다. 누가 먼저라고 할 것 없이 서로를 돌보고 채우기 위해서 계산 없이 자기 것을 내어줄 것입니다. 이것이 가족입니다. 가족이기 때문에 서로를 책임지려 하고 가족이기 때문에 신뢰하고 순종하는 것입니다.

'책임지는 사랑과 믿음의 순종', 가족에게 있어야 할 소중한 마음입니다. 하나님이 하셨던 것처럼, 부모는 자녀를 책임지고 사랑해야 합니다. 좀 부족해도, 기대에 못 미쳐도 존재 그 자체로 기뻐하시고 사랑하시는 하나님처럼 말입니다. 하지만 사랑한다는 이유로 모든 것을 방임하라는 말은 아닙니다. 자녀를 책임지고 사랑한다는 것은, 자녀가 스스로 온전한 사람이 되기를 노력할 수 있도록, 바른 태도와 건강한 정신을 가지고 정직하게 살 수 있도록 안내하는 것을 의미합니다.

하나님이 우리에게 하시듯 필요하다면 책망도 해야 하지만 모든 행동의 근거는 책임지는 사랑이어야 합니다. 그리고 자녀들은 예수님이 하셨던 것처럼 믿음으로 순종해야 합니다. 지금은 다 이해할 수 없지만 가장 선한 것으로 나를 안내할 것이라는 믿음으로 자녀는 부모에게 순종해야 합니다.

세상으로부터 가족을 지켜 낼 무기 사용설명서

첫째, 가족 안에서 자신의 역할에 충실해야 합니다. 한 사람의 정체성과 자존감은 어머니의 자궁 안에서부터 형성됩니다. 무엇보다 임신 중인 엄마가 태아에 대해 어떤 마음과 태도를 갖느냐가 가장 큰 영향을 미칩니다. 그래서 태교가 중요한 것입니다. 태어난 이후에는 부모가 아이를 어떻게 바라보고 어떻게 돌보느냐에 따라 아이의 자아상이 형성됩니다. 결국 이 말이 의미하는 것은 무엇입니까? 원하든 원하지 않든 가족은 서로 간에 영향을 주고받는다는 것입니다.

특히 모든 자녀는 아버지와 어머니와의 관계에 영향을 받습니다. 부부가 서로를 어떻게 존중하고 사랑하며 섬기느냐에 따라 자녀들도 부모와 형제들 대하는 법을 배우고 남자와 여자의 역할을 배웁니다. 엄마와 아빠 노릇을 배우게 되고, 미래의 결혼과 가정에 대한 기준도 갖게 됩니다. 그래서 부모가 자신의 역할에 충실한 것은 가정을 평화롭고 단란하게 하는 일에 핵심이 됩니다.

그리고 자녀에게도 자녀의 나이와 위치에 맞는 역할을 주어야 합니다. 태어나서는 먹고 자고 싸는 것밖에 할 수 없으니까 모든 것을 부모가 다 해 줘야 합니다. 하지만 나이가 들어서도 부모가 모든 것을 책임지고 뒤치다꺼리를 한다면 바람직하지 않습니다. 나이가 들수록 사회적인 역할과 책임이 부과되듯이 가정 안에서도 자녀들에게 역할과 책임의 영역들을 줘야 합니다. 자신의 역할을 알고 책임을 질 줄 아는 사람이 상호 의존과 상호 책임의 건강한 관계도 맺을 수 있습니다.

둘째, 가족의 필요에 관심을 갖고 소통하기 위해 노력해야 합니다. '무언(無言) 가족, 유언(有言) 가족'이라는 말이 있습니다. 4인 가족을 기준으로 일주일 중 가족 모두가 함께 식사를 하거나 간식을 먹으며 TV를 본 적이 몇 번이나 될까요? 한 번 모이기도 어려운 집이 꽤 될 것입니다. 그럼, 가족 모두는 아니더라도 그날에 있었던 일을 남편이나 자녀들과 이야기하는 시간은 얼마나 될까요?

가족을 생각할 때 꼭 기억해야 할 것 중에 하나는, 가족에게는 가정 안에서 채워야 하는 기본적인 필요가 있다는 것입니다. 사람들은 누구나 가정 안에서 자신이 소중한 사람이라는 느낌을 받기 원하며, 친밀감을 누리기 원합니다. 서로 언제 들어오고 언제 나가는지도 모르는 채 살아가는 것은 결코 신뢰와 사랑에서 비롯된 태도가 아닙니다. 가족이 있다는 것만으로도 신체적, 정서적으로 안전하게 돌봄을 받고 있다는 믿음을 가질 수 있어야 합니다.

무언 가족의 고통은 우리 세대에서 끊어야 합니다. 서로의 안부를 묻고 들어 주려는 시도만으로도 가족은 힘과 위로를 얻습니다. 두 사람이 만나서 한 몸을 이루고, 그 안에서 자신들을 닮은 자녀를 낳고, 가족을 이루는 것이 모든 사람의 꿈이고 기쁨인데, 생각하고 기대한 것처럼 살기가 쉽지는 않습니다. 하지만 노력하고 또 노력해야 합니다.

우리는 모두 자신 안에 온 가족을 지니고 있습니다. 가족들이 육체적으로는 다 분리되어 있을지라도 가족들의 생각, 행동, 말에 영향을 받고 자랐기 때문에 우리 안에는 좋든 싫든 가족들이 살고 있습니다. 그래서 가족은 떼려야 뗄 수 없는 '나이자, 우리'인 것입니다.

자녀,
장사의 수중의 화살

자식은 여호와의 주신 기업이요 태의 열매는 그의 상급이로다 .젊은 자의 자식은 장사의 수중의 화살 같으니 이것이 그의 화살 통에 가득한 자는 복 되도다 그들이 성문에서 그들의 원수와 담판할 때에 수치를 당하지 아니하리로다 _〈시편〉 127편 3~5절

자녀가 우상인 시대

제게는 한 명의 딸과 두 명의 아들이 있습니다. 사실 저는 결혼을 하고 얼마 되지 않아 바로 교회를 개척했기 때문에 아이들이 자라는 것을 곁에서 많이 지켜보지 못했습니다. 그래도 제가 아이들을 키우면서 제일 잘한 것이 있다면, 매일 자녀들을 위해 기도하고, 사람들에게 손가락질받지 않는 떳떳한 부모가 되기 위해 성실하게 살아온 것입니다. 저는 지금도 아이들과 많은 시간을 함께 보내지는 못합니다. 그러나 참 감사한 것은 아이들

이 너무 잘 컸습니다. 각자 성실하게 자기 일을 하고 반듯하게 가정을 이루며 안정되게 살고 있는 것을 볼 때마다 가슴이 뭉클하고 얼마나 감사한지 모릅니다.

부모에게 자녀는 너무 소중하고 귀한 존재입니다. 세상이 악해져서 자기 자식을 유기하는 부모들이 간혹 있다고 하더라도 거의 모든 부모는 자녀를 위해서라면 어떤 수고와 고생도 마다하지 않습니다. 하지만 저는 요즘 세상을 보면서 가끔 이런 생각이 듭니다. '자식을 귀하게 여기는 것도 지나치면 해가 되는구나!' 부모와 자녀 관계에서도 '적당히'는 꼭 필요합니다. 때로는 지나친 부모의 애정이 아이의 장래를 망치기도 합니다.

가까운 예로 2009년 사회적으로 큰 문제가 되었던 '엄마 안티카페'를 기억하십니까? 한 중학생이 개설한 인터넷 카페인데, 어머니에게 험한 욕을 하면서 자신들은 어머니의 노예가 아니라고 선언하는 내용의 글을 올렸고, 이 글을 보고 100명이 넘는 회원이 가입해서 비슷한 글을 올린 것이 보도되었습니다. 그 인터넷 카페 서문은 이렇게 시작합니다.

"소중한 생명을 탄생시키는 고귀한 '어머니'라는 칭호는 이미 타락되었다. 탄생시킨 생명을 행복하게 키워 나가야 하는 그 어머니란 존재들은 그 임무를 제대로 수행했다고 보는가? 자식을 상처 입혀 괴롭히는 부모가 부모인가? 우린 너희들의 노예가 아니야. 우리가 언제는 행복하게 살았었나? 우릴 괴롭히는 부모라는 그들을 항상 따르고만 있어야 하는 건가. 그들을 증오하는 자여, 이리로 오라. 그들에게 상처받은 자여, 이리로 오라. 환영한다. 그대여!"

이 사건은 사회적으로 큰 반향을 일으켰고 패륜적인 행위라며 처벌해야 한다는 의견과 오죽하면 그랬겠냐는 동정론으로 우리 사회를 떠들썩하게 만들었습니다. 자식을 위해 모든 것을 희생하기로는 전 세계적으로 유명한 한국의 어머니들이 왜 자식들에게 이런 비난을 받게 되었을까요? 아이러니하게도 지나친 사랑의 결과입니다.

어느 시대나 자녀가 잘되기 바라는 부모의 마음은 매한가지입니다. 하지만 근래에 와서는 심해도 너무 심합니다. 자녀에 대한 기대가 지나쳐서 자녀를 욕망의 대체물이자 우상으로 삼으려는 부모가 너무 많습니다.

힘든 세상을 돌파하는 세 번째 무기 : 자녀

〈시편〉 127편 3~5절에 이런 말씀이 있습니다.

"보라 자식들은 여호와의 기업이요 태의 열매는 그의 상급이로다 젊은 자의 자식은 장사의 수중의 화살 같으니 이것이 그의 화살통에 가득한 자는 복되도다 그들이 성문에서 그들의 원수와 담판할 때에 수치를 당하지 아니하리로다"

자녀는 하나님이 주시는 기업입니다. 이 말씀이 의미하는 것이 무엇입니까? 자녀는 하나님이 주시는 선물이기 때문에 있는 것만으로도 감사하고 귀한 존재라는 것입니다. 특히 〈시편〉 127편 말씀은 자녀를 "장사의 수중의 화살"에 비유하고 있습니다. 쉽게 풀어보면, 자녀는 장수의 화살 통에 가득한 화살과 같이 부모에게 그 자체로 든든하고 힘이 되는 존재라는 것입니다. 게다가 건강하게 잘 키운 자녀는 나이 든 부모가 어려움에 처하지 않도록 실제적인 도움을 준다는 것입니다. 요즘 말로 하면 잘 키운 자녀는 어떤 보험보다 든든하다는 것입니다.

그래서 그런가요? 요즘 부모들이 자녀들의 인생에 너무 관여합니다. 앞에 나눈 말씀을 반은 알고 반은 모르는 부모들 때문에 아이들이 너무 괴롭습니다. 보험보다 든든한 존재가 되게 하기 위해서 애쓰느라 그 자체로 귀한 자녀들의 존재감이 점점 상처를 입고 있다는 것은 알아채지 못합니다.

부모들은 자녀들보다 살아온 인생이 더 많기 때문에 앞으로 어떻게 살아야 더 편안하고 안정된 삶을 살 수 있는지 다 안다고 생각합니다. 그래서 사랑하는 내 자녀가 지금보다 더 좋은 삶을 살게 하려고 최선을 다합니다.

그런데 문제는 부모가 생각하는 그 인생을 당사자인 '자녀가 동의했는가?'입니다. '아이에게도 그렇게 살고자 하는 의지와 은사가 있느냐?'라는 것입니다. 이 세상 어디에도 자신이 동의하지 않은 것을 위해 인내하거나 죽을힘을 다해 수고할 사람은 없습니다. 자녀의 상황은 고려하지 않고 내 아이는 꼭 명문대에 가야 하고 다른 아이들보다 더 잘나야 한다는 부모들의 오염된 사랑과 욕심이 변하지 않는 한, 부모와 자녀의 갈등은 해결되지 않습니다.

이런 갈등이 깊어지면 아이들은 어떻게 될까요? 결국 견딜 수 없는 분노를 표출하기 위해 친구를 괴롭히며 왕따시키고, 부모를 미워하고, 자살을 하거나 회피를 위한 게임 중독 등, 하루가 멀다 하고 일어나는 사회문제가 다 이런 것들 아닌가요?

자녀들은 부모의 반응에 따라 울고 웃고, 먹고 자고 합니다. 사랑이라고 다 같은 사랑이 아닙니다. 자기중심적인 사랑은 늘 상대를 고통스럽게 하고 관계를 깨뜨립니다. 자녀는 존재 그 자체로 귀하게 여기고 사랑해야 합니다. 자기가 낳아 놓고 자랑할 것이 없다고 부모마저 비난하고 핍박한다면 그 아이야말로 살아갈 용기를 잃게 됩니다. 자녀는 하나님이 주신 선물입니다. 그 선물을 처음 받았을 때 느꼈던 감격의 순간을 기억해 봅시다. 귀하고 귀하게 여기며 날마다 쓰다듬고 아끼고 사랑해야 할 존재임을 잊지 말아야 합니다.

상처 입은 자녀를 회복시킬 무기 사용설명서

첫째, 자녀의 소유권을 하나님에게 맡기고 자녀를 축복하는 기도를 해야 합니다. 내 배 아파 낳은 내 자식이지만 하나님이 주시지 않으면 우리 품에 올 수 없는 아이입니다. 아무리 좋은 것을 주고 최고급으로 채워 준다고 해도 예수님의 성품과 지혜가 주어지지 않으면 세상을 이길 능력이 없습니다. 날마다 자녀들에게 하나님 말씀을 가르치고 하나님의 지혜가 부어지도록 기도해야 합니다. 날마다 아이들의 손을 잡고 축복하며 기도해야 합니다.

둘째, 필요한 훈계를 유보하지 말아야 합니다. 교육을 많이 받아 지식이 풍성하고 명예로운 위치에 있는 사람일지라도 비도덕적일 수 있다는 객관적인 사실에 공감하지 않을 사람은 없을 것입니다. 그렇기 때문에 자녀들이 훌륭한 사람으로 성장하길 원한다면 선한 성품을 길러 주는 일에 각별한 노력을 기울여야 합니다.

하지만 대다수의 부모가 현실적으로는 다른 것을 더 강조합니다. 교회 장로, 권사, 집사들도 자녀에게는 '신앙생활은 우리가 할 테니 너는 공부만 하렴. 대학에 입학해서 하나님에게 영광 돌리면 된다.'라고 가르칩니다. 그러나 하나님 말씀을 바탕으로 자녀에게 윤리적인 가치를 심어 주지 않는다면 성경이 말하는 부모의 임무를 제대로 행하지 않는 것입니다.

다윗 왕이 나이 들어 늙게 되자 장남인 아도니야는 예루살렘을 돌아다니며 자신이 곧 왕이 될 거라고 선전 포고를 했습니다. 아들이 얼마나 사악하면 권좌에 오르기 위해 아버지가 죽을 날만 간절히 기다렸다는 듯이 행동할까요? 그런데 의미심장하게도 성경은 아도니야의 사악한 행위에 대해서는 다윗에게도 일부 책임이 있다고 말씀합니다. 다윗은 아도니야가 성장하면서 잘못된 행동을 했을 때 한 번도 그를 꾸짖거나 "네가 어찌하여 그리하였느냐?" 하는 말로 아도니야를 섭섭하게 한 일이 없었다고 성경은 말하고 있습니다(왕상 1:6).

유대인 신학자 데니스 프레이저가 이런 말을 했습니다.

"좋은 학생으로 키우는 것은 어렵다. 그런데 좋은 사람으로 키우는 것은 훨씬 더 어렵다. 그것은 부단한 노력을 필요로 하기 때문이다.

하지만 결국엔 적당히 성공했지만 인품이 좋은 자녀를 둔 부모가 인품은 그저 그렇지만 사회적으로 성공한 자녀를 둔 부모보다 훨씬 더 행복하다."

만약 이 책을 읽는 그대가 부모라면 "마땅히 행할 길을 아이에게 가르치라 그리하면 늙어도 그것을 떠나지 아니하리라"는 〈잠언〉 22장 6절의 말씀을 기억해야 합니다. 아이들의 문제를 가볍게 여겨서는 안 됩니다. 아이들의 문제는 우리의 문제보다 더 심각합니다. 우리는 문제의 끝을 볼 수 있지만 아이들은 아직 그러지 못하기 때문입니다.

셋째, 자녀의 기질과 특성에 맞게 양육해야 합니다. 내 아이의 성격은 어떤지, 어떤 은사가 있는지, 무엇에 관심이 있는지를 잘 파악하는 것은 아주 중요한 부모의 역할이자 특권입니다. 제품 제조업체는 공장에서 생산되는 모든 제품이 균일하길 바라겠지만 아이들은 제품이 아닙니다. 아이의 특성과 은사에 맞게 아이의 진로를 안내하는 일은 그 아이가 존귀한 존재임을 인정해 주는 출발이기도 합니다. 자녀들이 공부는 아니라고 말할 때 진지하게 한 번 더 들어 주고 솔직하고 객관적으로 아이의 미래를 생각해 봐야 합니다. 내 한을 풀기 위해 기대했던 그 모든 욕심을 접고 자녀의 은사와 소원하는 바를 존중하고 진지하게 고민해야 합니다. 자녀들이 고통에서 헤매다 부모를 미워하고 '엄마 안티 카페'와 같은 곳에 가입하기 전에 자녀를 존중해야 합니다. 사랑이라는 이름으로 자녀들에게 가하는 고통은 없는지 심각하게 고민해 봐야 합니다. 조금이라도 어릴 때, 실패해도 될 때 실패하면서 선택하는 법을 배우게 할 필요가 있습니다.

우리보다 물질적으로 빈곤한 티베트는 자살률 0%를 기록하고 있습니다. 물질적으로는 빈곤하지만 정신적으로는 풍요롭기 때문입니다. 이제 우리도 가치관을 바꿀 때입니다. 자녀에게 올바른 가치관을 심어 주지 않으면 아이의 장래를 망칠 뿐만 아니라 나라의 장래까지 망치게 된다는 사실을 가볍게 여겨서는 안 됩니다. 학교 폭력, 게임 중독, 자살 사이트, 청소년 성폭행, 가출, 부모 폭행 등 청소년 범죄가 발생할 때마다 우리는 사회를 비난하고 불안한 시대를 탓합니다. 그러나 자녀들의 인성과 가치관은 가장 먼저 부모의 영향을 받는 가정에서부터 형성된다는 사실을 기억해야 합니다.

친구, 지혜 충전소

철이 철을 날카롭게 하는 것같이 사람이
그의 친구의 얼굴을 빛나게 하느니라 _〈잠언〉 27장 17절

친구를 말하다

오래전 TV 프로그램 중에 '보고 싶다 친구야!'가 있었습니다. 한 연예인이 보고 싶은 어릴 적 친구를 찾아서 방송에 초대합니다. 과연 친구가 왔을지, 어떻게 변했을지 애를 태우며 "보고 싶다 친구야!"를 외칩니다. 그럼 웅장한 음악과 함께 친구가 등장하고 그들은 아주 오랜만에 감격의 재회를 합니다. 그 장면을 TV로 보는 저도 덩달아 눈가가 뜨거워지곤 했습니다. 만일 이 TV 프로그램처럼 친구를 찾을 수 있는 기회가 주어진다면 찾

고 싶은 친구가 있습니까?

가끔 서점에 가면 화제가 되고 있는 책을 선별해서 중앙에 배치해 놓은 것을 볼 수 있습니다. 그중에는 인간관계에 관련된 책들도 꽤 있습니다. 어찌 보면 이 시대가 관계를 굉장히 중요하게 여기는 것처럼 느껴집니다. 그러나 우리가 어릴 적 듣고 배운 우정과 친구에 대한 가르침은 찾아보기가 어렵습니다. 이해관계 없이 그저 친구가 된다는 것이 무엇인지, 친구는 어떻게 사귀는 건지 그리고 무엇보다 친구의 소중함을 말해 주는 책은 너무 부족합니다.

매스컴을 비롯해서 우리에게 정보를 주는 모든 매체가 인간관계와 처세에 대한 방법을 수도 없이 안내하고 있지만 '친구' 그 자체를 이야기하지는 않습니다. 친구를 만나고 우정을 키우며 사랑하는 법을 가르치지 않아도 누구나 할 수 있는 것이라고 생각한다면 오산입니다. '왕따'가 왜 생겼을까요? 왜 사람들이 점점 사람이 아닌 컴퓨터, 게임, 불법 동영상과 소통는 걸까요?

친구는 자유라는 말에서 유래되었다고 합니다. 쉼과 자유로움을 허락하는 사람이 바로 친구입니다. 속마음을 나눌 수 있는 친구는 인생의 역경을 이겨 나가는 힘을 줍니다. 또한 한 사람의 진실한 친구는 천 명의 적이 우리를 불행하게 만들더라도 그 힘 이상으로 우리를 행복하게 만듭니다. 예로부터 친구는 "가깝게 오래 사귄 벗"이라고 했습니다. '가깝게'라는 말은 몸의 거리만을 이야기하는 것이 아니라, 정서적인 거리도 의미합니다. 그래서 '친구'는 가릴 것이 없고 터놓지 못할 것이 없는 거울과 같은 사람을 말하는 것입니다.

해질 무렵 나란히 앉아서 먼 하늘을 함께 바라보는 것만으로도 마음이 채워지는 친구가 한 명만 있어도 이 험한 세상을 외롭지 않게 살아갈 수 있습니다. 그런데 참 안타까운 것은 이런 친구를 가진 사람이 그리 많지 않다는 것입니다. 오히려 세상은 조건을 전제로 사람을 만나고 그 조건에 맞는 사람을 얻으려면 대가를 지불하되 언젠가는 다시 그 대가를 얻어낼 수 있는 것이 현명한 인간관계라고 가르칩니다.

우리는 전에 비해 더 많이 외로워하고 더 간절히 친구를 필요로 하면서도 왜 이토록 삭막하고 불편한 관계를 맺으며 살아야 하는 걸까요? 하루가 멀다고 들려오는 고독사 소식에 안타까워하면서도 선뜻 곁을 내주지 않고 이해타산적인 관계에 익숙해져 가는 이 세상에서 어떻게 살아야 할까요?

외로운 세상을 돌파하는 네 번째 무기 : 친구

아리스토텔레스는 "모든 것을 가졌다 해도 친구가 없다면 아무도 살기를 원치 않을 것이다."라고 했습니다. 비록 세상은 각박하고 세월이 흐른 만큼 사람도 변하지만, 우리의 추억 속에는 여전히 변하지 않은 가슴 따뜻하고 행복했던 그 시절 그 친구들과의 시간이 남아 있습니다. '산과 같은 친구'도 있을 것이

고, '거울과 같은 친구'도 있을 것이고, '땅과 같은 친구'도 있을 것입니다.

제게도 이런 친구들이 있습니다. 지금도 어릴 적, 정말 가난하고 힘들었던 시절, 어려움을 함께 겪었던 친구들의 이름을 부르며 매일 기도합니다. 이제 다들 할머니, 할아버지가 되었지만 그래도 여전히 친구이기에 사회적인 지위나 형편에 구애받지 않고 젊은 날의 김인중으로 만날 수 있으니 얼마나 기쁘고 편한지 모릅니다. 통상적으로 친구의 숫자는 나이가 들수록 줄어든다고 합니다. 그도 그럴 것이 결혼을 하거나 취업을 하면 새로운 공동체가 생기게 되고, 가족과 직장 사람들과의 시간을 보내다 보면 자연스럽게 친구를 만나는 시간이 줄어들게 됩니다.

프랑스의 고전 작가 라 로슈푸코는 "진정한 친구는 가장 큰 축복이다. 그러나 우리는 진정한 친구를 얻기 위해 가장 적은 노력을 한다."라고 했습니다. 가까운 친구일수록 시간과 물질, 노력을 쏟아야 합니다. 오랜 벗은 지혜의 충전소이자 최고의 상담자임을 잊지 말아야 합니다. 〈잠언〉 27장 17절 말씀에 "철이 철을 날카롭게 하는 것 같이 사람이 그의 친구의 얼굴을 빛나게 하느니라"고 했습니다. 세상을 살다 보면 내가 인생을 잘 살고 있는 건지 의심이 들 때가 있습니다. 갑자기 두려움이 몰려오고 가슴에 박혀 빠지지 않는 돌덩이 때문에 먹먹할 때, 오랜 시간 함께해 온 친구만큼 필요한 것이 있을까요?

살다 보면 가족에게도 이야기하지 못할 일들이 생길 때가 있습니다. 〈잠언〉의 저자는 말씀을 통해 친구와 함께 부대끼는 사람은 지혜가 예리해진다는 통찰을 우리에게 줍니다.

누군가를 만나 과거를 운운하기에는 먹고사는 게 너무 힘들어서 마음의 여유가 없다고 생각될 때, 그때야말로 친구가 필요할 때입니다. 마음을 나눌 수 있는 좋은 친구가 있는 사람은 공허한 마음을 채우기 위해 다른 대체물을 찾지 않습니다. 게임이나 채팅을 통한 피상적인 만남에 마음을 빼앗기지 않습니다. 세월 금세 갑니다. 더 늦기 전에 소원해진 친구가 있다면 붙잡고 늘 곁에 있는 친구가 있다면 더욱더 마음을 쏟아 돈독한 관계를 지킵시다.

우정을 돈독히 할 무기 사용설명서

첫째, 오랫동안 가깝게 지낸 사람일수록 존중해야 합니다. 친구라 하면 아무렇게나 대해도 되고 그런 나를 받아주는 것이 친구라고 오해하는 사람들이 있습니다. 그러나 이런 생각은 아주 위험하고 잘못된 생각입니다. '내 마음에 있는 것을 여과 없이 고백한다는 것'과 '상대방을 예의 없이 함부로 대한다는 것'은 아주 다릅니다. 내 마음에 있는 것을 숨기지 않고 있는 그대로 보여 줄 수 있는 것은, 상대방에 대한 신뢰에서 나오는 행동입니다. 그러나 내 기분대로 내 감정을 분풀이하는 대상으로 상대를 대하는 것은, 그 사람을 무시하고 존중하지 않는 태도에서 나오는 행동입니다.

그런데 많은 사람이 이 두 가지 태도를 혼동해서 친구를 대하다 보니 어느새 옆에 남아 있는 사람이 없게 되는 것입니다. 열린 마음과 신뢰에 기반을 둔 친구 사이라고 해서 항상 솔직한 대화나 진실한 소통의 에너지가 자유롭게 흐르는 것은 아닙니다. 때로는 오해가 생길 수도 있고 서운할 때도 있습니다. 그러나 서로를 존중하고 배려하는 관계 속에서 단단해진 신뢰는 다른 사람들이 다 손가락질하더라도 그 친구만큼은 나를 믿고 내 곁에 있어 주는 기반이 됩니다. 서로가 서로의 기분을 잘 헤아려 주고 서로 부딪히면서도 언제까지나 함께하고자 하는 태도를 포기하지 않을 때 가까이 오래 두고 함께할 벗을 얻게 되는 것입니다.

만남은 힘입니다. 한 조각만으로는 의미 없는 퍼즐 조각이 다른 조각과 만나서 그림을 이루고 의미를 갖는 것과 같이 사람과 사람도 만남으로써 서로 의미 있는 존재가 되는 것입니다.

둘째, 성경을 통해 진실한 친구 관계를 배워야 합니다. 하나님은 성경을 통해 친구는 마음을 나누고 생명을 나누는 관계라고 말씀하십니다. 또한 어렵지만 친구를 책망하는 것은 충직한 마

음으로 친구를 바로 인도하고 세우기 위함이라고 말합니다(잠 27:6). 계속해서 친구는 어떤 경우에도 서로의 사랑이 끊어지지 않는 관계(잠 17:17)이며, 친구를 위해 자신의 목숨을 희생할 수도 있다고 말씀하고 있습니다(요 15:13).

특별히 다윗과 요나단의 관계는 성경에서 친구의 중요성을 가르쳐 준 가슴 뭉클한 이야기입니다. 다윗 왕은 당시 사울 왕을 도와서 적을 물리치고 이스라엘에 큰 유익을 줍니다. 그런데 다윗이 블레셋 장군 골리앗을 물리친 이후 사울 왕과의 관계가 급격하게 악화됩니다. 여인들이 노래하기를 "사울이 죽인 자는 천천이요 다윗은 만만이로다"(삼상 18:7)라고 사울 왕보다 다윗을 더 높이 평가하자 결국 사울 왕은 다윗을 죽이려고 합니다. 그러나 요나단은 "다윗을 자기 생명 같이 사랑"(삼상 18:3)하고 오히려 아버지 사울로부터 다윗을 보호하며 이렇게 위로합니다. "너는 이스라엘의 왕이 되고 나는 네 다음이 될 것을 내 아버지 사울도 안다"(삼상23:17). 친구가 된다는 것은 바로 이런 것입니다. 자신의 생명이나 위치에 연연하지 않고 친구를 세워 주는 것이 진정한 친구가 할 일입니다.

한 사람 더 성경에서 예를 들어 보겠습니다. 바울에게는 수많은 동역자와 친구가 있었습니다. 그중에서도 바나바 없는 바울의 사역은 생각할 수 없습니다. 바울이 회심한 후 예루살렘에 있는 예수님의 제자들과 사귀고자 할 때, 모든 제자가 그를 두려워하며 사귀려 하지 않았습니다. 그때 바나바의 중재로 바울은 예루살렘의 제자들과 교제할 수 있었습니다. 사실 바나바도 예루살렘의 제자들과 같은 그룹에 속한 사람이었기 때문에 얼마든지 바울을 의심하고 거절할 수 있었습니다. 하지만 바나바는 자신이 동료들에게 배신자라는 의심을 받을 수 있음에도 불구하고 바울 편에 서서 그를 세워 줍니다. 그리고 이러한 바나바의 적극적인 도움과 신뢰는 바울 사역의 밑바탕이 되어 초대교회에 큰 역사를 일으킵니다.

어떤 연구 결과 보고서를 보니 40대 이후의 행복지수에 가장 영향을 미치는 조건이 '친구 관계'라고 합니다. 어떤 친구를 몇 명이나 사귀고 있느냐가 중년 이후의 삶의 질과 행복을 좌우한다는 것입니다. 지금 이 순간, 얼마 전에 읽은 신영복 선생의 글귀 한 문장이 마음에 들어옵니다. "돕는다는 것은 우산을 들어 주는 것이 아니라 함께 비를 맞는 것이다." 함께 비를 맞는 친구를 더 많이 사귀고 그로 인한 행복감에 앞으로의 삶이 더 풍요롭기를 바랍니다.

행복,
구원의 방패 영광의 칼

이스라엘이여 너는 행복한 사람이로다 여호와의 구원을 너 같이 얻은 백성이 누구냐 그는 너를 돕는 방패시오 네 영광의 칼이시로다 네 대적이 네게 복종하리니 네가 그들의 높은 곳을 밟으리로다 _〈신명기〉 33장 29절

행복을 말하다

행복하세요? 사람들에게 어떤 삶을 원하느냐고 물으면 단언컨대 '행복한 삶'이라는 답이 가장 많을 것입니다. 인간의 행복에 영향을 미치는 요소는 참 다양합니다. 건강, 학문, 승진, 놀이, 재산, 일, 가족 등 일상 속에서 우리를 행복하게 하는 요소는 참 많습니다. 바쁜 일정 중에 잠시 여유를 내서 향이 좋은 커피 한 잔을 마시는 그 순간에도 우리는 행복을 느낄 수 있습니다.

그러나 많은 사람이 "행복합니까?"라는 질문에는 선뜻 대답을

못합니다. 왜 그럴까요? '행복'을 사전에서 찾아보면 "충분한 만족과 기쁨을 느끼어 흐뭇한 상태"라고 합니다. 그런데 충분히 만족했다는 기준이 사람마다 다 다릅니다. 경제학에서는 행복을 "가진 것 – 욕망"이라고 합니다. 이 말의 의미는 가진 것을 늘리거나 욕망을 줄이는 것이 행복의 척도라는 것입니다. 그런데 이 말에 함정이 있습니다. 욕망은 한번 고개를 들면 사그라지지 않는다는 것입니다. 결국 더 가지려 하면 할수록 그만큼 욕망도 자란다는 것입니다.

이런 관점에서 본다면 자본주의가 만연한 현실에서는 어쩌면 많이 가진 것이 행복의 조건이라는 말이 무조건 틀렸다고는 할 수 없을 것 같습니다.

그러나 더 가짐으로써 행복하다는 믿음은, 마치 산꼭대기로 바위를 밀어 올려야 했던 그리스 신화에 나오는 시시포스(Sisyphus)의 형벌과 같은 것입니다. 어느 날 시시포스 때문에 화가 난 제우스는 …… 군신을 보내고 시시포스는 죽음을 맞이하게 됩니다. 자신의 죽음을 예상한 시시포스는 아내에게 자신이 죽은 뒤에 장례식도 치르지 말고 시신을 묻지도 말라고 당부합니다.

시시포스가 죽었는데도 그의 아내가 장례를 치르지 않자 '저승의 신'은 난감해졌습니다. 죽었지만 죽지 않은 것이나 다름 없게 됐기 때문입니다. 하는 수 없이 '저승의 신'은 시시포스로 하여금 스스로 장례를 치르도록 땅으로 돌려보냅니다. 그러나 지상으로 돌아온 시시포스는 장례를 치르지 않고 장수를 누렸다고 합니다. 이때 화가 난 제우스는 시시포스에게 커다란 바위를 산꼭대기로 밀어 올리는 벌을 내렸습니다.

그런데 그 바위는 정상 근처에 다다르면 다시 아래로 굴러 떨어지기를 반복했고, 결국 시시포스는 바위를 정상으로 굴리는 형벌을 영원히 되풀이해야 했습니다.

생각해 봅시다. 아무리 죽지 않고 사는 것이 소원이라도 한순간도 쉬지 않고 바위를 산꼭대기까지 올리며 사는 인생에 무슨 낙이 있으며 영원히 산들 무슨 행복이 있겠습니까?

남보다 더 가지는 것이 행복이라고 믿는 사람들은 자신보다 더 가진 사람을 만나는 순간 불행해질 것입니다. 그래서 더 큰 부를 갈망하고, 더 많은 스펙을 쌓고, 더 아름다운 외모를 갖기 위해 뼈를 깎는 고통을 참으며 무진 애를 쓸 것입니다. 그러나 또 더 가진 사람, 더 멋진 사람, 더 좋은 스펙을 가진 사람을 만나게 될 텐데, 시시포스와 같이 겨우겨우 정상에 오르면 다시 굴러 떨어지는 바위를 보는 심정이 얼마나 불행하겠습니까?

그렇다면 시간이 지나도 처음에 경험한 만족이 사라지지 않는 행복은 과연 있을까요? 존 파이퍼는 그의 책《하나님의 기쁨》에 이런 글을 인용했습니다.

"인간으로서 느낄 수 있는 가장 풍성한 행복, 가장 명확하고 구체적인 즐거움은 바른 대상을 향해 최선의 애정을 쏟아부을 때 비로소 맛볼 수 있다."

또 그는 18세기의 위대한 설교자 조나단 에드워드의 말을 빌려 행복에 대해 이렇게 이야기합니다.

"하나님이 말씀하시는 하나님의 충만하심의 한 부분은 바로 하나님의 행복하심이다. 이 행복은 하나님이 그분 자신을 기뻐하고 즐거워하는 데에 기초한다. 피조물의 행복도 마찬가지이다."

행복은 하나님의 기쁨에 참여할 때(마 25:21) 다시 말해서, 예수 그리스도와 함께할 때 충만해집니다. 하나님을 잘 알고 하나님을 진짜로 믿는 사람들은 어떻게 하면 우리가 행복한지 쉽게 알 수 있습니다. 답은 간단합니다. 하나님이 언제 가장 행복해하시는지 생각해 보면 됩니다. 예수 그리스도, 그분을 믿고 그분과 함께하는 삶이 우리에게 마르지 않는 샘과 같은 행복을 줍니다.

〈신명기〉 33장 29절에 이런 말씀이 있습니다.

"이스라엘이여 너는 행복한 사람이로다 여호와의 구원을 너 같이 얻은 백성이 누구냐 그는 너를 돕는 방패시요 네 영광의 칼이시로다 네 대적이 네게 복종하리니 네가 그들의 높은 곳을 밟으리로다"

아무리 세상이 눈에 보이는 것으로 행복의 기준을 삼고 덜 가진 사람을 비루한 인생으로 비하해도 예수 그리스도와 함께하는 사람은 두려워하거나 주눅들 이유가 없습니다. 하나님이 친히 우리의 방패요, 영광의 칼이 되셔서 모든 어둠의 권세로부터 우리를 지키실 것입니다. 가장 먼저 이 믿음이 있어야 주신 것에 감사하며 누리는 삶을 살 수 있습니다.

하나 더, 저는 행복은 결과가 아니라 과정에 있다고 믿습니다. 가족을 위해서 무언가를 준비할 때, 그것을 함께 누릴 그 순간을 생각하면 얼마나 기대가 되고 행복합니까? 시험을 준비하는 과정이 고달프긴 하지만 합격한 이후의 삶을 생각할 때 얼마나 행복하고 힘이 납니까?

그런데 많은 사람이 더 가져야만 행복하다는 큰 착각에 빠져서 과정 중에 경험할 수 있는 소소한 기쁨과 행복을 누리지 못하고 있습니다. 아이들이 갓 태어났을 때의 기쁨을 만끽하기도 전에 이 아이를 키우기 위해서 필요한 돈이 얼마인지를 계산하고 그 돈을 버느라 아이가 자라는 기쁨과 행복을 놓치는 사람들이 참 안쓰럽습니다. 지나간 과거를 후회하느라 현재의 행복은 흘려보내고 무료하다고 한탄하는 중년과 노년이 얼마나 많습니까? 그저 목표에만 마음을 두고 있으니 그 과정에서 일어나는 감사와 행복은 놓쳐 버리게 되는 것입니다.

행복은 다양한 모습으로 우리에게 옵니다. 어느 날 우연히 좋은 기회가 생기기도 하고, 뜻밖의 만남을 통해 기쁨을 경험하기도 합니다. 간만에 떠난 여행이 우리를 행복하게 합니다. 여러 번의 시행착오를 겪고 성공한 다이어트, 100일 새벽기도 달성, 건강을 위해 시작한 운동 등 자기 극복의 경험을 통해서 행복을 느끼기도 합니다.

가족과 친구, 직장 동료, 교회 공동체를 통해서 경험하는 관계의 기쁨이 우리를 행복하게 합니다. 그리고 무엇보다 하나님과의 만남이 우리 인생에 최고의 기쁨과 행복을 줍니다.

행복한 삶을 위한 무기 사용설명서

첫째, 영적인 풍요가 행복의 핵심입니다. 행복은 전염됩니다. 그래서 행복은 행복한 사람에게 가장 잘 배울 수 있습니다. 행복한 사람과 함께 시간을 보내면 금방 행복에 감염되고 자신도 모르는 사이에 그 사람의 행복 비결을 전수받게 됩니다. 온 우주를 통틀어 가장 행복한 분, 하나님과 함께할 때 우리는 그 분의 충만한 행복에 동화될 것입니다.

그러기 위해서는 가장 먼저 하나님을 바라보는 시간을 많이 가져야 합니다. 바라보면 닮게 됩니다. 하나님을 바라보면서 그분

의 기쁨을 묵상하는 시간을 통해 우리는 날마다 형용할 수 없는 행복의 깊이를 경험하게 될 것입니다. 가능하다면 하루의 시작을 하나님을 바라보는 일부터 합시다. 당분간은 피곤하겠지만 결코 후회하지는 않을 것입니다.

그다음으로는 자신 안에 있는 행복의 요소들을 발견하는 것이 필요합니다. 남과 비교해서 초조해지거나 불행하다는 느낌이 들

때마다 내 안에 있는 가장 기본적인 필요가 충족되었다는 사실에 감사할 줄 알아야 합니다. 그리고 짜증나게 하고 불행하다고 혼란스럽게 하는 거짓된 욕구에 속지 않도록 노력해야 합니다.

이 말은 늘 자신보다 못한 사람과 비교해서 만족하라는 것이 아닙니다. 서두에 말씀드렸듯이 만족에 대한 기준은 사람마다 다 다릅니다. 그런데도 꼭 내겐 없고 남에게만 있다고 생각되는 것을 부러워하느라고 행복의 순간들을 그냥 흘려보내는 사람이 많기 때문에 하는 말입니다.

오지도 않을 것을 굳이 기다리면서 거창한 것만 중요하다고 생각하지 말고 좋았던 작은 순간들에 집중해 봅시다. 그러면 좋은 기분으로 잠자리에 들 수 있고 내일은 그런 좋은 순간들이 더 많아질 것입니다. 행복의 비결은 필요한 것을 얼마나 많이 갖고 있느냐가 아니라, 불필요한 것에서 얼마나 자유로워져 있는가에 있습니다.

둘째, 만족과 감사가 행복을 발견하는 열쇠입니다. 고대 로마 철학자 세네카가 이런 말을 했습니다.

"인간은 단지 행복한 것을 원하는 것이 아니라 남들보다 더 행복하기를 원한다. 그런데 우리는 무조건 남들이 자기보다 더 행복하다고 생각하기 때문에 남들보다 행복해지기 어려운 것이다."

남과 비교해서 완벽에 이르려는 노력은 불행에 이르는 가장 확실한 길입니다. 진정한 행복은 현재 주어진 것에 감사하는 사람만이 느낄 수 있는 최고의 감정입니다. 감사할 줄 아는 사람이 만족할 수 있고 참 행복을 누릴 수 있습니다.

우리는 늘 선택해야 합니다.
삶의 기준을 예수님에게서 찾을 것인지,
세속적인 문화에서 찾을 것인지 말입니다.

4단계

현실과 정면 돌파

몸풀기 운동

지금 어디로 가고 있고
최종적으로는 어디에 있고 싶은가?

"어떻게 살 것인가?" 이 질문에서 시작하자

소설가 마크 트웨인이 이런 말을 했습니다.

"앞서가는 비밀은 시작하는 것이다. 시작하는 비결은 복잡하고 어려운 일들을 관리하기 쉬운 조각으로 나눈 다음, 가장 첫 번째 조각에 덤벼드는 것이다."

저는 이 첫 번째 조각이 '어떻게 살 것인가?'라는 질문이라고 생각합니다. 인생은 질문과 선택으로 이루어져 있습니다. "신중한 질문은 지혜의 절반을 차지한다."는 베이컨의 말처럼 좋은 질문에서 시작된 삶은 살아내는 방식을 통해서 해답을 찾습니다. 그래서 현재 자신의 상태가 만족스럽지 못하다면 '지금까지 내가 해 온 생각과 행동을 앞으로도 계속할 가치가 있는가?'라고 스스로 질문해 봐야 합니다. 그다음은 '지금 난 어디로 가고 있고 최종적으로 어디에 있고 싶은가?', '이제부터 무엇을 해야 할까?'라는 질문을 스스로에게 던져야 합니다.

이왕이면 종이와 펜을 준비해서 적으면서 하십시오. 적지 않고 생각으로 하거나 휴대전화에 기록해 놓는 것은 금세 잊어버리고 말 것입니다. 각 질문과 대답들을 자세히 적으면서 자신의 현 상태와 생각을 눈으로 확인할 때 더 나은 아이디어와 동기가 부여됩니다.

그리고 순간순간 올라오는 실패자라는 감정을 버리려고 노력하십시오. 실패의 경험이 있다고 다 실패자가 되는 것은 아닙니다. 단지 아직 성공하지 못했을 뿐입니다. 실패는 우리에게 포기해야 한다고 말하는 것이 아니라, 새 출발을 할 기회를 주는 것입니다. 승자와 패자의 차이는 '실패를 다루는 방식과 태도'에서 나타납니다. 진정한 승자는 실패를 통해 '성공에 다가서는 법'을 배우는 사람입니다. '모든 것을 다 시도했지만'이라고 말하고 싶을지라도 한번만 더 '그래도 가능성은 남아 있다.'라고 마음을 다 잡고 '다시 어떻게 살 것인가?'라고 종이에 크게 적어 보십시오.

자, 그럼 새로운 삶의 시작을 위해 몸 풀기 운동부터 시작해 볼까요? 이 책을 사서 읽는 고마운 독자들을 위해 제 삶의 노하우를 나누고자 합니다.

김인중 목사의 생활양식 3대 원칙

제 삶의 3대 원칙은 '단순, 지속, 반복'입니다. 이 3대 원칙은 저뿐만이 아니라 성공하는 CEO들의 삶의 원칙이기도 합니다.

첫째 원칙은 '단순'입니다. '단순'의 사전적 의미는 "복잡하지 않고 간단하다."는 것입니다. 과거를 돌아보고 그 바탕 위에 새로운 계획을 세웠다면 이제 그 목표를 향해 전진해야 합니다. 이때 필요한 태도가 단순함입니다. 실패를 극복하고 성공할 수 있는 중요한 열쇠 중 하나는 단순함입니다.

예를 들어, 음식점의 메뉴판만 봐도 그렇습니다. 수십 가지의 메뉴가 있는 식당보다는 한두 가지의 메뉴로 승부를 내는 식당이 왠지 더 신뢰가 가지 않습니까? 개인의 경우도 마찬가지입니다. 최고의 성공을 거둔 사람 대부분은 집중하는 분야를 한정시킵니다. 왜 그런지 아십니까? 한 가지 목표가 생기면 삶이 매우 단순해지기 때문입니다. 그리고 그 단순함에서 집중력이 나오고 몰입도가 높아지는 것입니다.

자신의 삶을 돌아보세요. 그리고 지금 꼭 하지 않아도 되는 일들은 정리하세요. 그래야 중요한 일에 집중할 수 있습니다. '정신

일도 하사불성'(精神一到何事不成)이라는 말이 있습니다. "정신을 한 곳에 집중하면 못할 일이 없다."는 주자의 말입니다. 그대가 있기 원하는 '그 최종점으로 가기 위해서 지금 그대가 할 수 있는 단 하나의 일'을 시작하십시오.

둘째 원칙은 '지속'입니다. '지속'의 사전적 의미는 "어떤 상태가 오래 계속됨, 또는 어떤 상태를 오래 계속함"을 말합니다. 자신에 대해 찬사를 아끼지 않는 사람들을 향해 미켈란젤로는 "내가 지금의 경지에 이르기까지 얼마나 열심히 일하고 또 일했는지 사람들이 안다면 내가 하나도 위대해 보이지 않을 것입니다."라고 말했습니다.

흔히 거장이라고 하는 사람들도 재능은 있었으나 처음부터 특출했던 것은 아닙니다. 그들은 자신의 재능을 살리기 위해서 보통 사람들보다 오랜 시간 동안 포기하지 않고 지속적으로 열심히 했습니다.

많은 사람은 목표를 이루기 위해서 최선을 다하기보다는 성공하는 사람은 따로 있다는 체념적인 생각을 가지고 쉽게 포기합니다. 그러나 성공하기를 원한다면 "성공하는 사람은 따로 있다."는 말을 믿지 않아야 합니다. 타고난 것이 없다고 한탄하는 대신 성공하는 사람들은 어떤 생각을 하고, 어떻게 행동하는지를 배우려는 자세와 따라 하는 용기가 필요합니다. 놀라운 성취는 목표를 향해 지속적으로 끝없이 도전한 결과입니다. 단순하지만 깨닫고 결심한 것을 지속적으로 반복하는 과정을 포기하지 않는다면 우리도 위대한 일을 할 수 있습니다.

셋째 원칙은 '반복'입니다. 반복적인 훈련이 뒷심을 발휘합니다. '반복'의 사전적 의미는 "같은 일을 되풀이하는 것"을 뜻합니다. 같은 일을 지속적으로 되풀이하는 것을 지루하게 생각하는 사람들이 있습니다. 그러나 누가 명장의 반열에 오릅니까? 누가 장인의 칭호를 얻습니까? 명장과 장인은 오랜 세월 한 가지 일에 매진하고 반복해서 가장 단련되고 정교한 결과물을 만들어 내는 사람에게 내리는 명예입니다. 원하는 결과를 빨리 얻을 수 없다고 해서 쉽게 포기해 버린다면 이 세상에서 열매를 볼 수 있는 일은 거의 없습니다.

자신이 선택한 것이 맞다면 의지를 가지고 포기하지 말아야 합니다. 땅을 가는 농부의 우직함으로 일을 반복하는 것이 지루하고 의미 없어 보여도 때가 되면 열매를 보게 될 것입니다. 이렇게 단순, 지속, 반복을 하다 보면 더 좋은 전략도 생기고 결국엔 승리하게 되는 것입니다.

삶으로 살아 내기

첫째, 골방에 들어가야 합니다. 넘치는 의욕과 창의적인 생각들을 다 싸들고 골방에 들어가서 하나님에게 물어야 합니다. 금식하고 기도하며 자신을 살필 수 있다면 금상첨화입니다. 하나님의 은혜 안에서 자신을 살피고 자신이 가진 계획이 과연 하나님으로부터 온 것인지 묻고 그분의 뜻을 깨달아 알아야 합니다. 그럴 때 가장 최적의 환경과 사람을 얻게 될 것이며 겸손과 지혜도 얻게 될 것입니다. 그리고 기도의 시간을 통해 그동안 쌓아 둔 좌절과 낙심의 찌꺼기를 다 씻어 내야 합니다.

살다 보면 또다시 전과 같은 어려움을 만날 수도 있습니다. 그러나 그리스도의 보혈로 씻김을 받고 하나님의 인도하심 가운데 있는 사람은 같은 어려움을 만나더라도 과거에 붙잡혀서 넘어지거나 절망하지 않습니다. 하나님이 나와 함께하심을 믿으면 그 믿음이 힘이 되어 포기하지 않습니다.

둘째, 계획한 것을 주변 사람들에게 알려야 합니다. 아무리 좋은 계획을 세워도 지켜보고 점검해 주는 사람이 없으면 흐지부지되기 십상입니다. 금연학교의 행동 강령 중 하나는 "금연을 시작하는 그 순간부터 가까운 사람들에게 가능한 한 널리 알린다."라고 합니다. 자신의 결심을 주변 사람들에게 알리는 방법은 말로 할 수도 있고, 컴퓨터, 냉장고, 사무실, 방문 등에 글로 써서 붙이는 방법도 있습니다.

또한 SNS를 통해 주변 사람에게 알리는 것도 좋은 방법 중 하나입니다. 그리고 간혹 사람들이 잘되고 있냐고 묻는다면 불편해하지 말고 솔직하고 정확하게 진행 상황을 알리고 도움을 요청합시다. 때로는 사람들의 애정 어린 잔소리와 집요한 점검이 큰 도움이 되기도 합니다.

우리가 지금 변화시킬 수 있는 유일한 것은 현재와 미래뿐입니다. 더 나은 삶을 원한다면 먼저 '만약 ……했더라면' 하면서 과거를 후회하는 일을 멈추고 '지금 ……한다면'이라는 미래적 관점과 긍정적인 태도를 가져야 합니다. 현재의 내가 바로 내일의 나입니다. 우리가 내일을 이야기하고 더 나은 미래를 꿈꾼다면 지금부터 달라져야 합니다. 진짜 중요한 것은 늘 지금입니다.

헬렌 켈러가 이런 말을 했습니다.

> "나에게는 너무나 많은 것이 주어졌다. 나에게 어떤 것들이 없는지 생각하며 머뭇거릴 시간이 없다."

지금 바로 변화를 시작하세요.

마음껏 꿈꾸고 행동하라

마음에 담아 두고
이루지 못한 꿈이 있는가?

꿈을 말하다

'모지스 할머니'로 알려진 안나 메리 로버트슨(Anna Mary Robertson)은 평범한 주부였습니다. 농장을 꾸리며 아이들을 키웠던 안나 메리의 취미는 바느질이었는데, 나이가 든 후 관절염이 생겨서 바느질을 하기 힘들어지자 무료함을 달래기 위해 그림을 그리기 시작합니다. 놀랍게도 모지스 할머니가 처음 붓을 들었던 나이는 76세였습니다. 제대로 된 그림 공부를 한 적이 없는 모지스 할머니는 그저 눈에 보이는 대로 농장의 풍경, 풀밭, 눈길 등을 그렸습니다. 마치 어린아이가 그린 것처럼 단순하지만 정성스럽게 그린 할머니의 그림은 수집가 루이스 칼더의 눈에 띄게 됩니다.

루이스 칼더와 큐레이터 오토 칼리어의 손을 거쳐 뉴욕 화랑에 전시된 모지스 할머니의 그림은 사람들에게 큰 사랑을 받았습니다. 이후 할머니의 그림은 미국, 유럽, 일본 등 세계 각국에 전시되었고, 1960년 넬슨 록펠러 뉴욕 주지사가 할머니의 100번째 생일을 기념해 '모지스 할머니의 날'을 선포했습니다. 76세에 처음 그림을 시작했을 때부터 101세로 세상을 떠나기 전까지 붓을 놓지 않았던 모지스 할머니는 '여성 프레스클럽 상'을 수상하기도 하고《my life's history》라는 자서전을 출간하기도 하며 이른바 미국의 국민 화가로 사랑받았습니다.

저도 50세가 넘어서 영어회화 공부를 시작했습니다. 해야 할 일이 정말 많았지만 시간을 쪼개서 열심히 공부했습니다. 그렇게 3년쯤 되었을 때, 저는 제 영어 선생님을 모시고 저희 교회 대학부 예배에서 영어로 설교를 했습니다. 저는 지금도 차를 타고 다닐 때면 항상 MP3를 귀에 꽂고 영어 공부를 합니다. 작년에는 자전거를 타고 일주일 동안 부산까지 다녀왔습니다. 이제 은퇴를

앞두고 70세를 바라보는 나이지만 저는 아직도 이루고 싶은 꿈이 너무 많습니다.

꿈이 있습니까? 꿈은 자라나는 어린애들이나 꾸는 것이라고 생각합니까? 꿈은 "실현하고 싶은 희망이나 이상"을 말합니다. 만약에 더 이상 꿈을 꾸지 않는 사람이 있다면 그 사람은 살았으나 죽은 사람입니다. 솔직히 꿈꾸는 데 무슨 돈이 드는 것도 아닌데, 왜 꿈꿀 엄두도 못 내며 살아갈까요? 혹시 이런 생각 때문이 아닐까요? "소싯적에 꿈이 없던 사람이 어디 있습니까? 꿈꿔봐야 이루어질 가능성도 없는데 괜히 마음만 상하지. 먹고살기도 힘든데 꿈은 무슨……."

꿈을 이루는 비결

세상에는 꿈을 이루며 사는 사람과 꿈만 꾸다가 절망하는 사람이 있습니다. 왜 어떤 사람은 꿈꾸는 대로 살고, 어떤 사람은 꿈속에서 절망하며 살까요? 꿈꾸는 대로 사는 사람들의 비결은 도대체 뭘까요?

첫째, 꿈을 꾸되 마음껏 큰 꿈을 꾸는 것이 비결입니다. 꿈마저

작게 꾸는 사람들이 있습니다. 할 수 있는 한 모든 가능성을 동원해서 큰 꿈을 꾸고 그에 맞는 계획을 세우세요. 그렇다면 그만큼 자신의 꿈에 가까워질 것입니다. "멀리 보고 달리면 길을 잃지 않는다."는 말이 있습니다. 지도까지 있다면 길을 잃을 염려는 거의 없습니다.

내가 꾼 꿈이 나의 열정을 일으킨다면 머뭇거리지 말고 꿈을 이루기 위한 설계도를 작성합시다. 설계도를 작성할 때는 너무 장황하게 하지 말고 실행할 수 있는 정도로 해야 합니다. 늘 계획은 세우지만 실행하지 못하는 사람들의 특징이 무엇인지 아십니까? 자신의 능력이나 현재 상태를 전혀 고려하지 않고 계획을 세운다는 것입니다. ABC도 가물가물한 사람이 1년 안에 동시통역사가 되겠다면 이게 가능한 계획일까요?

꿈을 이루기 위해서는 현재 자신의 위치와 가진 능력을 잘 파악한 후 한 발, 한 발 징검다리를 놓듯이 구체적이고 실제적인 설계도를 작성해야 합니다. 그리고 내 재능과 실력을 활용해서 지금 당장 할 수 있는 일부터 시작합시다. 그러면 자신감을 갖게 될 것입니다.

또한 내가 가지지 못한 것 때문에 벽을 만나면 낙심하지 말고 부족한 것을 채워 나가기 위해 노력해야 합니다. 설계도가 필요한 가장 큰 이유는 바로 부족한 부분을 채우기 위함입니다. 현명하게 계획을 세우고 그 계획을 신나게 행동으로 옮깁시다. 꿈을 설계하고 이루는 일은 이런 과정의 연속입니다.

둘째, 사소한 일도 맡겨지면 최선을 다하는 것이 비결입니다. 요즘 가장 일자리 구하기가 어려운 사람들이 누군지 아십니까? 바로 고학력자들입니다. IMF 이후로 원하는 일자리를 구하기 어렵게 되자 대부분의 대졸자는 대학원에 진학합니다. 대학원만 나오면 더 좋은 곳에서 더 많은 월급을 받을 수 있을 거라고 생각하는데, 오히려 더 어려워졌습니다. 돈이 인생의 목표가 아니라 꿈을 이루는 것이 인생의 목표라면 사소한 일이라도 주어진 일을 열정적으로 성실하게 하는 자세가 필요합니다.

김현유라는 30대 후반의 한국 남자가 있습니다. 그는 한국의 대학에서 역사학을 공부했습니다. 역사학과는 보기는 그럴 듯해도 한국 사회에서 가장 취업이 안 되는 학과 중 하나입니다. 그런데 그는 지금 구글 본사 상무로 일하고 있습니다. 한국에서도 취업이 안 되는 문과에서 공부한 그가 어떻게 전 세계를 주름잡는

폼 나는 일이
코앞인데, 으윽!

IT회사의 상무로 재직할 수 있었을까요? 대학 시절 친구들이 방학 때마다 과외를 하거나 여행을 갈 때, 그는 외국계 회사에 영문으로 된 이력서를 보내고 크건 작건 상관하지 않고 자신을 채용해 주는 회사에서 인턴을 했다고 합니다.

대학 졸업 후 대기업에 취업해서 해외 근무를 결정할 때도 남들이 다 가고 싶어 하는 선진국이 아닌 아무도 가지 않으려는 제3국으로 갔다고 합니다. 선진국으로 발령이 난 동기들은 늘 회의 준비만 할 뿐, 회의에 들어갈 기회는 고사하고 외국 바이어들을 만날 기회조차 얻지 못했다고 합니다. 그러나 김현유 씨는 회의 준비도 자신이 하고, 회의 진행이나 바이어 접대도 직접 하면서 언어도 늘고 경력과 실력도 쌓았다고 합니다. 그는 요즘 젊은 사람들에게 이렇게 권면합니다.

"폼 나는 일을 찾느라 시간 낭비하지 말고, 사소한 일이라도 주어진 일에 최선을 다해라. 그렇다면 남들보다 더 빨리 하고 싶은 일을 발견할 수 있고 더 잘할 수 있다. 마음에 안 든다고 너 스스로 세상을 바꾸는 것은 쉽지 않다. 바꿀 수 없다면 불평하지 말고 주인 의식을 갖고 최선을 다하면 자신만의 커리어 스토리가 생긴다."

셋째, 남이 안겨 주는 꿈이 아닌 자발적으로 꿈을 꾸는 것이 비결입니다. 요즘은 '꿈의 뜻'이 '돈 잘 버는 직업'인 줄로 아는 사람이 많은 것 같습니다. 아이가 태어나는 그 순간부터 부모가 안겨 주는 직업을 꿈인 줄 알고 살아가는 자녀들이 얼마나 많습니까? '내가 어떤 것을 왜 원하는지를 안다는 것'은 그만큼 삶의 목적이 가까이에 있다는 뜻입니다. 자신이 소망하고 기대하는 것이 있는 사람은 아침에 일어나야 할 분명한 이유가 있기 때문에 고단해도 벌떡 일어날 수 있습니다.

꿈을 다르게 표현하면 '삶의 목적'입니다. 삶의 목적은 우리가 존재하는 이유이며 일상에서 일어나는 모든 경험 속에서 살아 있다는 것을 느끼게 해 주는 정신적인 핵심입니다. 하지만 삶의 목적은 볼 수도 만질 수도 없고 무게를 잴 수도 없기 때문에 쉽게 지치기도 하고 무너지기도 합니다. 꿈을 향해 달려가다가 난관에 부딪힐 때도 있습니다. 그때 필요한 것은 포기가 아니라, 어려움을 극복하고 일어설 수 있는 희망입니다.

스스로가 꿈을 꾸고 계획하고 기대하는 마음이 있을 때, 내면에서부터 열정이 뿜어져 나옵니다. 내 안에서 시작된 분명한 꿈이 있다면 삶에서 마주치는 크고 작은 고난은 말할 것도 없고, 인생의 대 격변기까지도 훨씬 수월하게 통과할 수 있습니다.

내 안에서 시작된 꿈을 꿔야 동기부여도 잘되고, 동기부여가 잘돼야 적극적으로 계획하고 실행할 수 있습니다. 남이 안겨 주는 꿈을 떠안지 말고, 자기 스스로 꿈을 꾸고 매일매일 그 꿈으로 다가서는 기쁨을 누릴 수 있어야 합니다. 꿈이 있다면 선포합시다. 꿈은 선포하면 선포할수록 형상화됩니다.

꿈을 실현하기

꿈이 현실이 되는 삶을 시작하려면 첫째, 자기 본성과의 경쟁에서 이겨야 합니다. 꿈을 꾸고 꿈을 실현하기 위해 꿈에 다가가다 보면 때로는 스스로와 경쟁해야 할 때도 있습니다. 포기하려는 마음이 들고 게으름의 늪에 발을 담그고 싶을 때마다 자신의 본성과 경쟁해서 이길 수 있어야 합니다. 건강하게 꿈을 이루고 즐기기 위해서는 내 인생 앞에 당당할 수 있어야 합니다.

둘째, 하나님과 더불어 꿈을 꾸십시오. 하나님과 함께 꾸는 꿈은 반드시 이루어집니다. 성경 인물 중 요셉을 생각해 보세요. 고생이라고는 모르고 사랑만 받고 자란 요셉이 한 번도 생각해 보지 못한 위기를 만나게 됩니다. 그리고 그는 참 오랜 시간을 깊은 고립과 고난 속에서 보냅니다. 하지만 그는 그 시간을 형제를 원망하거나 분노하는 일로 보내지 않고 자신에게 주어진 일을 묵묵히 하며 오직 하나님만 바라보며 하나님이 주신 소망을 붙잡고 기다립니다. 그 결과 그의 꿈은 이루어집니다.

어떻게 이것이 가능했을까요? 하나님이 주신 확신과 소망이 있는 사람만이 고난을 이기고 성취의 기쁨을 누릴 수 있습니다. 한 번 산을 넘은 사람에게 그다음 산은 더 이상 산이 아닙니다. 하나님이 함께하신다면 걸림돌도 디딤돌이 될 것입니다.

천직으로서의 '직업'은 '부르다'라는 뜻을 지닌 라틴어에서 유래된 말로, 이 말은 곧 자기 존재의 가장 깊숙한 곳으로부터 부름 받은 일이라는 것입니다. 또한 '열정'은 신에게 '부름 받았다'는 뜻을 지닌 히브리어에서 유래한 말입니다. 이 두 단어의 의미를 종합해 보면, 소망하며 꿈꾸던 일이 하나님도 기뻐하시는 일이기에 하나님이 그 꿈을 이루도록 열정을 주신다는 것입니다.

이 세상에서 꿈을 직업으로 삼고 즐기며 일할 뿐만 아니라, 먹고사는 것까지 해결한 사람이 있다면 얼마나 행복할까요?

이제,
습관을 주도해라

내가 가진 좋은 습관은 무엇이고, 버리고 싶은 습관은 무엇인가?

습관을 말하다

제가 수수께끼 하나 내겠습니다. 통나무 위에 개구리 다섯 마리가 앉아 있었습니다. 그중 네 마리가 뛰어내리기로 마음먹었습니다. 그러면 남은 개구리는 몇 마리일까요? 한 마리? 정답은 다섯 마리입니다. 네 마리의 개구리가 뛰어내리기로 마음은 먹었지만 실제로 뛰어내리지 않았던 것입니다. 이처럼 마음먹는 것과 행동하는 것은 다릅니다. 만약에 모든 사람이 마음먹은 대로 실천했다면 이 세상은 상상을 초월하는 업적들로 넘쳐 날 것입니다. 그럼 우리가 마음먹은 대로 살지 않는다면 도대체 우리는 무엇을 따라 사는 걸까요? '습관'입니다.

습관은 우리가 태어나는 그 순간부터 형성되기 시작합니다. 그리고 어느 정도 시간이 지나면 생각이나 계획을 하지 않아도 자동적으로 거의 매일 반복하게 됩니다. 예를 들어 아침에 일어나자마자 무엇을 하십니까? 화장실을 가는 사람도 있을 것이고, 물을 마시는 사람, 커피를 마시는 사람 등, 저마다 다를 것입니다. 그런데 이 모든 행동이 너무 자연스럽게 일어납니다. 그것이 좋은 것이든 나쁜 것이든 나도 모르는 사이에 내 생활이 되어 나를

이끄는 것이 습관입니다.

과학자들의 연구에 따르면, 습관이 형성되는 이유는 우리의 뇌가 활동 에너지를 절약할 방법을 끊임없이 찾기 때문이랍니다. 어떤 자극도 주지 않고 가만히 내버려 두면 뇌는 일상적으로 반복되는 거의 모든 일을 습관으로 전환시키려고 합니다. 그래서 생각 없이 늘 밥 먹고, TV 보고, 자는 일을 반복하는 사람들은 무기력해지고 멍해지는 것입니다.

치매에 걸리지 않게 고스톱이라도 치라는 이유도 뇌를 사용하지 않으면 정말 뇌가 움직이려 하지 않기 때문입니다. 다행히도 과학자들의 연구 결과가 우리에게 희망을 줍니다. 나쁜 습관도 노력하면 바꿀 수 있고 좋은 습관은 노력하면 할수록 더 내 것이 된다는 것입니다.

내 습관이 바로 '나'이다

자신의 습관 중 좋은 습관을 떠올려 봅시다. 의외로 잘 떠오르지 않죠? 그럼 나쁜 습관, 고치고 싶은 습관을 떠올려 봅시다. 바로 생각이 나나요? TV를 보면서 과자를 먹는 습관, 심심해서 먹기 시작했는데 어느새 TV를 볼 때는 늘 과자를 먹고 있는 경험이 있으시죠? 불편한 일만 생기면 전후 사정을 알아보기도 전에 일단 남 탓을 하고 보는 습관, 이런 사람이 주변에 있으면 매번 들어 주기가 쉽지 않습니다. 그런데 이런 사람들은 자기가 그러는 줄 모릅니다. 집에 들어오면 불을 켜는 동시에 컴퓨터나 TV를 켜는 습관, 모든 것을 부정적으로 보고 생각하는 습관, 뭘 해도 안 된다고 믿는 습관 때문에 아무것도 하지 못하는 사람이 참 많습니다.

미루는 습관은 게으름과 나태함이라는 고약한 병의 뿌리입니다. 잘못된 언어 습관을 가진 사람들은 늘 관계에서 문제가 일어날 것입니다. 요즘 들어 새로운 습관이 생겼습니다. 어디든 앉기만 하면 휴대전화를 꺼내 들고 게임을 하거나 인터넷을 하는 습관, 지하철을 타면 아주 가관입니다. 모두가 휴대전화를 들여다보고 있습니다. 이처럼 무의식적으로 나타나는 그러나 일관성 있게 반복되는 습관은 타인에게 내가 어떤 사람인지를 은연중에 말해 준다는 사실을 알고 있나요?

세계 최고의 발레리나 강수진 씨를 알 것입니다. 한때 강수진 씨의 발이 인터넷을 통해 소개되면서 큰 감동을 받았던 기억이 있습니다. 일반적으로 발레리나들은 30대 초반이 되면 은퇴를 준비한다고 합니다. 그러나 올해 나이 47세인 강수진 씨는 지금도 세계 최고인 독일 슈투트가르트 무용단의 수석무용수로 활동하고 있습니다. 사실 강수진 씨는 남들보다 늦은 나이인 12세에 발레를 시작했습니다. 그런 그녀가 47세의 나이에도 현직에서 세계 최고의 자리를 지킬 수 있는 비결은 30년 동안 한결같이 지켜온 습관 때문이라고 합니다. 그녀는 죽을 만큼 아프지 않는 한 매일 아침 5시면 일어납니다. 그리고 출근 전, 집에서 2시간 동안 몸을 풀고 극장으로 향합니다. 다른 무용수들은 출근해서 몸을 풀기 시작하면 이미 몸을 풀고 온 강수진 씨는 본 연습을 시작합니다.

세계 최고의 자리에 있는 오늘도 아침에 일어나서 잠자리에 들기까지 강수진 씨의 일과는 시계를 보지 않아도 1분 정도의 오차가 있을 뿐 거의 정확하게 매일같이 반복된다고 합니다. 지금도 매일 18시간씩 연습을 합니다. 강수진 씨는 많은 사람의 칭찬과 찬사가 감사하지만, 자신에게 주는 최고의 찬사는 다음과 같다고 고백합니다. "강수진은 보잘것없는 하루를 반복하여 대단한 하루를 만들어 낸 사람이다." 그러면서 그녀는 자신의 업적과 성공, 무대에서의 지위는 모두 반복된 습관의 위대한 산물이라고 말합니다.

그녀의 고백처럼 습관은 대단한 힘을 가지고 있습니다. 습관은 우리의 행동을 자세로, 자세를 생활양식으로 발전시킵니다. 강수진 씨처럼 각 분야에서 최고의 자리에 있는 사람들의 공통점이 무엇인지 아십니까? 그들의 인생을 최고로 이끈 오래된 습관입니다. 최고가 되어도 쉽게 자만하지 않고 오늘에 최선을 다하는 습관입니다. "어떤 사람의 성공 비결을 알고 싶으면 그의 일상을 보면 된다."는 말이 있습니다. 이처럼 습관은 우리를 힘들게도 하지만 기쁘게도 합니다.

그리고 습관은 인생의 방향을 아주 크게 바꿀 수 있는 강력한 영향력을 가지고 있습니다. 그래서 변화의 필수 요소 중 하나는 사소하게 여겨지는 작은 습관을 찾는 것입니다. 습관이라는 것은 피부처럼 늘 우리 생활에 밀착되어 있어서 의지적으로 찾으려 하지 않으면 잘 모를 수 있습니다.

유난히 강력한 습관은 중독과 같은 반응을 보입니다. 습관과 중독의 경계선을 명확히 규정하기가 참 어렵습니다. 그래서 중독과 관련된 많은 행동이 습관에서 비롯됩니다. 반주로 먹던 술에 밥을 말아 먹는 사람은 결국 술을 먹지 않고는 밥을 넘길 수 없는 알코올중독자가 됩니다. 집에 혼자 있는 것이 무섭고 쓸쓸해서

TV를 켜기 시작했는데 이제는 집에 들어오면 불을 켜기 전에 TV 리모컨부터 찾고 TV 소리가 들려야 잠을 자는 사람, 기분 전환으로 시작한 카지노 게임이 이젠 카지노를 하지 않으면 우울함을 견딜 수 없는 도박 중독에 걸려 집안이 풍비박산 난 사람 등, 사소한 습관이 중독이 된 예는 너무나 많습니다. 그래서 중독과 관련된 습관을 바꾸는 것이 중독을 치료하는 데 가장 효과적인 방법 중 하나라고 합니다.

변화와 성장은 그냥 시간이 지나면 되는 것이 아닙니다. 아무리 놀라운 가능성을 가졌더라도 일상적인 습관을 바꾸려는 부단한 반복과 노력 없이는 변화와 성장은 불가능합니다. 앞에서 나눈 강수진 씨의 고백이 그것을 증명하고 있지 않습니까?

좋은 습관으로 거듭나자

건강한 삶을 사는 비결은 올바른 습관을 선택하고 그것을 익히는 데 필요한 만큼의 통제력을 갖추는 것입니다. 그리고 좋은 습관이 삶의 일부가 되면 성취도 따라옵니다. 누구나 바라지만 아무나 가지지 못하는 좋은 습관, 어떻게 하면 가질 수 있을까요?

첫째, 핵심 습관을 찾아야 합니다. 핵심 습관은 우리가 가진 습관 중 가장 영향력이 큰 습관을 말합니다. 이 핵심 습관은 가장 자주 반복되는 행동을 말합니다. 예를 들면 '그래 결심했어! 내일 하자.'와 같은 본인의 고질적인 문제가 많습니다. 잘 모르겠으면 가족이나 가까운 사람에게 물어보면 가르쳐 줄 것입니다.

둘째, 매일같이 결심하고 또 결심해야 합니다. 습관을 바꾼다는 것은 생각보다 쉽지 않습니다. 근본적인 변화를 위해서는 치열한 노력이 필요합니다. 작은 습관을 바꾸기 위해서는 굳은 결심이 있어야 합니다. 아침에 일어나면 가장 먼저 습관을 바꾸겠다는 결심을 떠올리세요. 변화를 성취하기 위해서는 할 수 있다는 믿음과 의지가 가장 중요합니다. 이렇게 아침마다 자신을 자극하는 습관을 들인다면 바꾸는 것이 한결 수월할 것입니다.

셋째, 열정이 식지 않도록 목표를 정하고 매일 확인해야 합니다. 습관을 바꾸는 데에 때로는 오랜 시간이 걸리고 실험과 실패를 반복해야 할 때도 있습니다. 그러는 동안 내가 어떤 습관을 버리려 했는지, 어떤 습관을 가지려 했는지 혼란스러울 수도 있습니다. 그럴 때마다 포기하지 않고 습관을 바꾸게 하는 힘은, 내가 왜 습관을 바꾸려 했는지를 일깨우는 목표입니다. 이루고자 하는 목표가 있을 때 열정이 생깁니다. 그리고 그 열정이 습관을 바꾸는 원동력이 됩니다.

넷째, 가장 중요한 것으로서 하나님과 함께하는 습관을 가져야 합니다. 악한 세상에서 매일같이 승리하는 삶을 산다는 것은 말처럼 쉬운 일이 아닙니다. 그러나 불가능한 일도 아닙니다. 매일

같이 하나님과 함께하는 습관을 들이면 됩니다. 이것이 우리 인생에서 기본이 되면 가끔 선로를 이탈하더라도 이내 다시 돌아올 수 있습니다.

사단은 결심만 하는 사람을 제일 좋아합니다. 그러나 사단은 결심을 하고 바로 실행하는 사람을 가장 두려워합니다. 매일같이 "내일 해! 꼭 안 해도 괜찮아. 그렇게까지 할 필요가 있을까?"라고 달콤한 속삭임을 이길 수 있는 힘은 우리 자신에게는 없습니다. 하나님에게 도움을 구합시다. 그래야 묵은 습관을 떨쳐 내고 새로운 습관으로 거듭날 수 있습니다.

루스벨트 대통령의 부인인 엘리노어 루스벨트가 이런 말을 했습니다.

> "한 사람의 철학은 말뿐 아니라 그 사람이 하는 선택에도 잘 드러난다. 우리는 오랜 세월에 걸쳐 자기 자신과 인생을 만들어 간다. 이 과정은 죽을 때까지 끝나지 않는다. 그리고 우리가 하는 선택은 우리 자신에게 책임이 있다."

우리가 선택한 습관이 우리의 인생을 이끕니다. 습관에 끌려가는 인생이 아니라, 습관을 주관하는 인생이 되기를 바랍니다.

나이는 장애물이 아니다

나이 든다고 느낄 때는 언제인가?

나이가 든다는 것은

명나라 말기 석학 중 한 사람이 이런 말을 했습니다.

"늙음을 한탄해서는 안 된다. 오히려 아무 목적 없이 늙어가는 것을 한탄해야 한다."

누구나 나이 드는 것을 두려워합니다. 그래서 어떤 사람들은 나이를 묻는 질문에 대답하기를 꺼립니다. 하지만 한 살이라도 젊을 때 노화가 하나의 과정이라는 사실을 인정하고 나이가 든 자신의 모습을 상상해 보는 시간을 갖는 것이 필요합니다. 인생의 현자들은 나이 들어서도 충만하고 평안한 삶을 살려면 노화에 대해 좀 더 긍정적인 인식이 필요하다고 말합니다.

솔직히 말해서 사람은 태어나는 그 순간부터 늙어 가는데, 나이 든다는 것을 부정하거나 한탄하는 것은 정말 어리석은 짓입니다. 저도 나이가 들어 보니 나이 든다는 게 생각보다 괜찮습니다. 그러니 쓸데없이 늙는 거 걱정하느라 시간을 낭비하지 말고 나이 든 삶을 준비하는 일에 시간과 에너지를 나눠 쓰십시오. 그리고 나이보다 젊어 보인다고 너무 으스대거나 정신 줄을 놓지 말아야 합니다. 아무리 얼굴은 동안이라도 신체가 늙고 있다는 것을 인정하지 않는다면 자신의 몸과 마음을 살피는 것을 게을리하게 됩니다. 그러다 보면 어느새 병들어 쓸모없어진 몸과 상한 마음 때문에 정말 노년이 괴로울 수 있습니다.

젊은 사람들처럼 패기 있고 활기차게 사는 것은 참 좋은 일이지만, 중년의 영성들이 하이힐은 벗고 편안한 신발을 신어서 늙어가는 관절도 보호했으면 합니다.

노년을 어떻게 준비하느냐에 따라 노년이 달라집니다. 지나온 삶을 정리하는 시간이 아니라 오히려 기회이자 성숙의 시간으로 만들 수 있습니다. 최준영 교수의 말처럼 다큐멘터리 필름이 한 컷 한 컷 잇대어 돌아가듯이 인생에서는 낯섦과 익숙함이 끝없이 교차합니다.

배는 항구에 있을 때 가장 안전하지만 안전하게 있는 것이 배의 존재 이유는 아닌 것처럼, 우리의 인생도 끊임없이 도전하고 변화해야 합니다. 세상에 변하지 않는 진리 중 하나는, 모든 사람은 태어나는 순간부터 나이 들어간다는 것입니다. 요즘은 100세 시대라고 하는데 어차피 드는 나이, 이왕이면 좀 더 바람직하게 들면 어떨까요? 나이 많음을 장애물이라 탓하며 주저앉지 말고 주어진 인생에 감사하며 느긋하게 살아보면 어떨까요?

나이를 받아들이는 마음 자세

첫째, 긍정적인 마음과 태도가 필요합니다. 나이가 들수록 긍정적이고 넓은 수용력을 갖는 사람이 있는 반면에, 나이가 들수록 자신의 경험과 생각에 갇혀서 모든 것을 자신의 기준과 틀에 맞추려는 사람이 있습니다. 전자의 경우에는 주변에 사람이 많고 인생이 풍요롭고 즐거우나, 후자의 경우는 참 외롭습니다. 저도 67년째 살면서 참 많은 사람을 만났습니다. 사람들의 사는 방식이나 생각이 저와 많이 다르다는 것을 가끔 경험합니다. 배울 것이 너무 많은 사람이 있는가 하면 이래저래 못마땅한 것투성이인 사람도 있습니다. 그럴 때는 잔소리하고 싶은 마음이 바로 턱 밑까지 올라오지만 참습니다. 그리고 그 모습 그대

로를 받아들이려고 노력하다 보면 어느새 못마땅한 모습도 받아들여지고 심지어 장점도 보이면서 그 사람에 대한 제 생각이 긍정적으로 변하게 됩니다. 그리고 그 사람과의 관계가 편안해지고 자연스러워지는 것을 경험합니다.

'긍정'이란 인간을 포함한 세상의 모든 개체가 자기 방식대로 존재하는 것을 인정한다는 뜻입니다. 나이가 들수록 수용력이 커진다면 문제가 발생하고 불편함과 당황스러움을 주는 사람들이 옆에 있을지라도 '그럴 수도 있어!'라고 반응할 수 있습니다.

둘째, 진실성입니다. 바람직한 삶이란 '진실성'이 따른다는 것이고, '진실성'은 온전함이란 뜻을 지닌 라틴어에서 유래했습니다. 그런데 참 안타까운 것은 갈수록 많은 사람이 진실성과 온전함을 가볍게 여깁니다. 진실해서는 세상을 살기 힘들다고 하면서 진실한 사람은 속기 쉽고 빼앗기기 쉽다고 생각합니다. 그래서 오히려 거짓과 불완전함을 무기로 삼는 사람이 점점 더 많아지고 있습니다.

그러나 아무리 세상이 악하고 자본주의가 판을 친다 하더라도 만물의 주인인 하나님이 계시는 한 진실성과 온전함을 이길 그 어떤 것도 없습니다. 하물며 직장에서도 자신은 거짓을 말하고 불완전하면서도 사람을 뽑을 때는 진실하고 온전한 사람을 뽑으려는 것이 세상 풍토입니다. 나이가 들어갈수록 진실성과 온전함을 추구하기를 힘쓰고 자녀들에게도 이것을 인격의 유산으로 물려줄 수 있도록 노력해야 합니다.

이 두 가지 태도가 준비되었다면 이제 바람직하게 나이 들기 위한 실제적인 준비를 해야 합니다. 사람들이 행복하게 살아가는 데 영향을 미치는 조건은 인간관계, 일, 여가로 요약할 수 있습니다. 이 세 가지 조건은 사람이 태어나고 살아가면서 인간의 존재를 확인시켜 주는 것이기도 합니다.

바람직하게 나이 들기

첫째, 인간관계, 즉 사람들과 사랑하며 살아야 합니다. 이외수 씨가 이런 말을 했습니다.

"가까운 길을 편히 가려면 혼자 가야 하고, 먼 길을 편히 가려면 함께 가야 한다는 말이 있습니다. 인생은 먼 길 가기입니다. 그래서 사람

들은 결혼을 하고 친구를 사귀는 것입니다."

나이가 들수록 배우자와 친구가 가장 소중하다는 것은 길게 말씀드리지 않아도 다들 공감하리라 생각합니다. 우리는 모두 중년 이후에 찾아올 사회적 고립에 대해 진지하게 생각해야 합니다. 30, 40대에는 바쁘다고 일과 자신에게만 빠져 살기가 십상입니다. 그러나 어느 날 문득 혼자 남겨진 자신의 모습을 보게 될 것입니다. 그때 후회해도 소용없습니다. 지금이라도 의식적으로 새로운 기회와 새로운 인간관계를 만들어 유지하려고 노력해야 합니다. 그리고 무엇보다 가족과의 편안하고 깊은 관계를 위해 노력해야 합니다.

둘째, 일과 소속감을 가져야 합니다. 지위나 수입이 1순위가 되는 일자리가 아니라, 자신의 존재를 확인하고 인정할 수 있는 일자리가 있어야 합니다. 흔한 예로 은퇴한 사람들이 먹고살만 한데도 아파트 경비 일을 하는 이유가 무엇이라고 생각합니까? 경제적인 이유 때문이 아닙니다. 일자리를 통해 소속감을 갖는다는 것 자체가 중요하기 때문입니다. 나이가 들어서도 일을 한다는 것은 스스로에 대한 믿음을 가질 수 있도록 힘을 줍니다.

요즘 황혼 자살이 늘어나고 있습니다. 이유가 뭔지 아십니까? 경제적 능력이 없는 자신이 자식들에게 짐이 될까 두려워서라고 합니다. 죽음보다 두려운 것은 무의미한 삶입니다. 나이가 들수록 자신이 무의미하다고 느껴지게 된다는 것이 얼마나 서글프고 절망스러운 감정인지 겪어 보지 않은 사람은 모릅니다. 삶을 낭비하고 있다는 생각에서 벗어나기 위해 가장 좋은 방법은 '좋아하는 일'을 하는 것입니다.

버트런드 러셀이 이런 말을 했습니다.

"행복하다는 사람들을 자세히 살펴보면 공통적으로 지닌 것이 있다. 그중 가장 중요한 것은 그들이 하는 일이다. 일은 그 자체로 즐거울 뿐 아니라 그것이 쌓여 점차 우리 존재를 완성하는 기쁨의 근원이 된다."

나이가 든다고 해서 모든 육체와 정신적 기능이 멈추는 것이 아닙니다. 죽는 그날까지 끊임없이 재발견하는 과정이 있을 때 마지막까지 보람차고 행복하게 살 수 있습니다. 어차피 죽으면 썩을 육신, 아끼지 말고 권태와의 싸움에서 승리해야 합니다.

셋째, 여가를 누릴 수 있어야 합니다. 여유로운 시간이 주어질 때 무엇을 합니까? 잠이 필요하다면 자야 합니다. 감성이 메말라 있다면 영화도 보고 음악도 들으면서 문화 생활을 해야 합니다. 가족과 여행을 가는 것도 좋습니다. 맛있는 음식을 먹기 위해서 분위기 좋은 식당에 간다면 만족과 즐거움을 느낄 수 있어서 행복할 것입니다. 그러나 나이 들어서 늘 이렇게 살 수는 없습니다. 돈이 없어서도 그렇겠지만 돈이 있어도 이런 일들은 잠깐의 즐거움과 만족을 줄 뿐 그때마다 우리를 행복하게 하지는 않습니다.

그렇다면 어떻게 바람직한 여가를 누리며 살 수 있을까요? 젊어서 늙음을 두려워하며 자연적 노화를 멈추게 하느라 시간과 돈을 낭비하지 말고 이 부분을 위해서 미리미리 준비해야 합니다. 즐겁고 생산적인 취미 생활을 갖고 건강을 위해 운동을 하는 것도 아주 중요합니다. 책을 읽는 것도 눈이 건강할 때 습관을 들여야 나중에도 자연스럽게 독서하며 시간을 보낼 수 있습니다.

그리고 무엇보다 하나님과 함께하는 시간을 지금부터 소중하게 구별해야 합니다. 나이가 들수록 정신과 영을 맑게 하는 원동력은 말씀과 기도입니다. 말씀을 통해 깨달은 지혜로 자녀들과 손주들을 돕는 할아버지, 할머니. 얼마나 멋진 인생입니까?

〈이사야서〉 40장 30~31절에 이런 말씀이 있습니다.

> "소년이라도 피곤하며 곤비하며 장정이라도 넘어지며 쓰러지되 오직 여호와를 앙망하는 자는 새 힘을 얻으리니 독수리가 날개치며 올라감 같을 것이요 달음박질하여도 곤비하지 아니하겠고 걸어가도 피곤하지 아니하리로다"

나이의 많고 적음이 인생의 향방을 결정하는 것이 아닙니다. 생사화복을 주관하시는 하나님을 신뢰하고 믿음으로 행하는 사람은 비록 몸은 노쇠하였을지라도 한계를 넘어설 수 있는 새 힘을 얻습니다.

삶을 변화시키는 Jesus 워너비

그대는 누구의 워너비인가?

내 삶의 워너비(wannabe)

워너비(wannabe)는 '무언가가 되고 싶다'는 영어 'want to be'를 연음으로 발음한 말로, 1982년《뉴스워크》에서 처음 사용했습니다. 이 단어가 널리 알려진 것은 1980년대 중반 가수인 마돈나의 패션을 따라하는 여성 팬들을 '마돈나 워너비'라고 하면서부터입니다.

이처럼 세상에는 누군가를 닮고 싶어 하는 워너비가 참 많습니다. 닮고 싶은 사람의 사진을 붙여 놓기도 하고, 그가 이룬 업적을 탐구하며 그의 모습을 따라 하기도 합니다. 특히 요즘 청소년이나 젊은 세대 대다수가 좋아하는 연예인 워너비로 살고 싶어 합니다. 그러나 혹시라도 겉모습의 화려함 때문에 그 삶을 동경한다면 진정한 워너비라 할 수 없습니다. 속칭 잘나가는 연예인들의 삶을 보면 웬만한 사람은 흉내 내기도 어려울 만큼 벅찬 스케줄을 소화하며 24시간을 쪼개서 살아간다고 합니다. 마치 백조가 물위에 우아하게 떠 있기 위해서 수면 아래로는 쉴 새 없이 발질을 하는 것처럼 말입니다.

그대는 누구의 워너비입니까? 누구를 따라 살기를 원합니까? 첫 장부터 이 책을 읽었다면 책을 읽는 동안 여러 가지 생각과 마음이 들었을 것입니다. 그러길 바라면서 이 책을 썼습니다.

지금 이 시대는 영웅도 스타도 참 많습니다. 그래서 마음만 먹으면 모델로 삼고 따라 할 수 있는 사람이 너무 많습니다. 하지만 대다수의 사람이 여전히 부러워만 하다 좌절하는 이유가 무엇입니까? 진심으로 그 누군가처럼 내 삶이 바뀌기를 원한다면 겉모습만 흉내 내는 것이 아니라, 그 사람의 본질과 실제적인 삶을 경험해야 합니다. 그래야 정말 그를 따를 것인지 결정할 수 있고 지불해야 할 대가도 기꺼이 감당할 수 있습니다.

우리가 수많은 사람을 모델로 삼고 그 사람과 관련된 책을 읽고 강의를 들어도 삶에 그리 큰 변화가 없는 것은 안타깝게도 순간의 감동은 있었으나 그 감동이 가슴과 머리를 관통해서 내면에까지 이르지 못했기 때문입니다. 제아무리 멋진 이야기라도 내 존재가 그 이야기를 받아들이지 않으면 총체적인 삶의 변화는 일어나지 않습니다. 왜냐하면 진정한 삶의 변화는 존재의 변화가 일어날 때 가능하기 때문입니다.

이 말을 증명하는 증거는 성경에 수도 없이 기록되어 있습니다. 겁쟁이 기드온의 변화, 사도 바울의 변화, 예수님을 세 번 부인한 베드로의 변화 등, 세상의 성공과 야망, 본능을 좇아 살던 사람들이 세상에 대한 욕심을 버리고 주님을 위해 사는 것, 자신의 연약함에 늘 주눅 들어 있던 사람들이 평생을 용사로 살아간다는 것은 감동을 받았다고 해서 가능한 것이 아닙니다.

한 번 더 묻겠습니다. 그대는 누구의 워너비로 살고 싶습니까? 책을 마무리하는 이 시점에서 이 책을 읽느라 고생한 그대에게 과감하게 도전합니다.

이 땅에서 우리는 모두 'Jesus 워너비'로 살아야 합니다. 세속적인 세상에서 세속적인 기준에 여러 가지가 부족하지만 그럼에도 불구하고 꿇리지 않고 자유롭고 행복하게 사는 길은 오직 하나, 그 누구도 따라잡을 수 없는 부동의 1위 'Jesus 워너비'로 사는 것입니다.

진정한 워너비, 제자도!

'Jesus 워너비'를 익숙한 기독교적 언어로 바꾸면 '제자도'입니다. 제자도는 그리스도를 따르는 사람들을 지칭하는 말입니다. 아이는 좋은 부모의 사랑과 권위 아래서 건강하게 자라고, 팀은 뛰어난 코치의 지도 아래서 그 실력이 빛을 발합니다. 그리스도인의 인생도 마찬가지입니다. 예수님의 주권을 인정하고 그분을 따르는 사람만이 세속적인 유혹에 넘어가지 않고 세상을 이길 수 있습니다. 그런데 문제는 교회와 교회를 다니는 사람들의 숫자는 점점 많아지는데, 진정한 'Jesus 워너비'는 만나기 어렵다는 것입니다.

그대는 진정한 'Jesus 워너비'입니까? 부끄러운 이야기이지만 우리가 진정한 'Jesus 워너비'인지 아닌지는 주변에 있는 불신자들에게 물어보면 알 수 있습니다. 지독하게 교회를 싫어하고 지나치게 교회를 비판하는 사람들을 보면 무늬만 'Jesus 워너비'인 사람들에 대한 분노 때문임을 알 수 있습니다. 〈마가복음〉 8장 34~36절을 보면 예수님이 자신을 따르는 자들에게 기대했던 것이 무엇인지 알 수 있습니다.

> "아무든지 나를 따라 오려거든 자기를 부인하고 자기 십자가를 지고 나를 좇을 것이니라 누구든지 제 목숨을 구원코자 하면 잃을 것이요 누구든지 나의 복음을 위하여 제 목숨을 잃으면 구원하리라 사람이 만일 온 천하를 얻고도 제 목숨을 잃으면 무엇이 유익하리요"

Jesus
Wannabe

예수님의 제자가 된다는 것은 우리의 모든 부수적인 사항을 제쳐 두고 하나님 나라를 먼저 구하는 삶을 의미합니다. 제자가 된다는 것은 예수님이 우리의 가치관, 우선순위, 태도, 생활 방식까지를 바꾸시도록 우리의 삶 전 영역을 내어 드리는 결단이자 반응입니다. 그리고 이 선택과 헌신은 나 자신뿐만 아니라 세상을 변화시키는 원동력이 됩니다.

성경이 이렇게 분명하게 말씀하고 있는데도 불구하고 많은 성도 중에 진정한 'Jesus 워너비'를 찾기 어려운 이유는 무엇입니까? 말씀대로 순종하지 않고 각자 편한 대로 제자도에 대한 개념을 재해석했기 때문입니다. 교회 활동을 많이 하거나 성경 공부와 기도 생활을 많이 하는 사람들이 제자라고 생각하는 사람들이 적지 않을 것입니다. 또 이런 사람들도 있습니다. 한 손에는 복음을, 한 손에는 빵을 들고 가난한 사람을 돕고 사회의 어둠을 밝히는 사람이 제자라고 생각합니다. 어떤 사람은 예배 잘 드리고 열심히 일해서 헌금 많이 하면 된다고 생각합니다.

하지만 이러한 삶은 그리스도를 따르는 제자의 삶이 아닙니다. 일주일 중에 하루, 번 돈 중에 얼마, 이런 식으로 자신의 삶과 가진 것을 나눠서 드리는 것은 제자의 삶이 아닙니다. 예수님은 우리처럼 지극히 평범한 사람들을 부르시지만 그분의 부르심은 결코 평범한 부르심이 아닙니다. 정말 제자가 되기를 원한다면, 진정한 'Jesus 워너비'가 되기를 원한다면 제자도를 진지하게 받아들여야 합니다. 주인되신 그리스도를 진지하게 받아들여야 하며 그분의 철저한 부르심을 교묘하게 빠져나가거나 자신의 편의대로 각색하려 하지 말아야 합니다.

이제라도 세상의 사슬에서 벗어나 예수님의 제자가 되려 한다면 제자도에 관해 자신이 갖고 있던 편안한 생각과 전제를 포기하고 말씀에 순종해서 주님을 따라야 합니다. 말씀을 통해 예수님이 어떤 분인지, 그분이 우리를 어떻게 생각하시는지, 그분과 함께한다는 것이 무엇인지 알고 믿는 것에서부터 우리의 변화는 시작됩니다.

진짜 'Jesus 워너비'로 살기

첫째, 항상 하나님에게 정신을 집중해야 합니다. 경건한 마음을 계속 유지하는 것은 그리스도인의 삶에서 필수적인 요소입니다. 연예인들을 따르는 팬들을 보십시오. 자신의 스타를 향해 온 정신을 집중하고, 스토커라는 말을 들을 정도로 그의 일거수일투족을 놓치지 않으려고 최선을 다합니다. 우리의 팬심이 이들보다 못할 이유가 무엇입니까? 사단은 끊임없이 하나님을 향한 우리의 집중력을 흩어서 세상으로 향하게 하려고 주위를 산만하게 하며 방해합니다. 마음을 흔들어서 불안하게 하고 염려하게 할 것입니다. 그럼 어떻게 해야 합니까? 기도하고 묵상하며 영적인 평정심을 가져야 합니다. 〈시편〉 46편 10절 말씀과 같이 영적인 훈련을 통해 하나님의 하나님 됨을 알아야 합니다.

둘째, 시대적 풍조에 휩쓸리지 말고 세속적인 문화와 맞서야 합니다. 스타를 따르는 진정한 팬덤(광신자)은 세상을 뒤흔드는 새로운 스타가 급부상해도 결코 휩쓸리지 않습니다. 예수님도 자신을 따르는 제자들이 세속적인 가치관과 우선순위에 흔들리지 않고 말씀에 순종하며 하나님 나라를 위해 살기를 원하십니다.

우리는 자주 스스로에게 이런 질문을 던질 필요가 있습니다. "도대체 어떻게 예수님을 따른다고 하면서 동시에 물질주의나 개인주의 같은 세속적인 가치를 내 삶의 중앙에 놓을 수가 있을까?"

초대교회 성도들의 삶을 살펴보면 제자가 된다는 것이 영적인 변화만이 아니라 문화와 가치까지도 변화되는 것임을 깨닫게 됩니다. 예수님의 첫 제자들도 그들이 살았던 시대의 문화를 무조건적으로 긍정하지 않았습니다. 그들은 늘 문화와 충돌했고 그때마다 예수님에게 물었고, 예수님의 뜻에 따라 세속적인 문화에 도전했습니다.

"그리스도인이 된다는 것은 하나님 나라에 사로잡히고 지배받는 것이다."라는 짐 월리스의 말처럼 'Jesus 워너비'는 세속적인 문화와 맞설 수 있어야 합니다. 우리는 늘 선택해야 합니다. 삶의 기준을 예수님에게서 찾을 것인지, 세속적인 문화에서 찾을 것인지를 말입니다.

셋째, 'Jesus 워너비'들과 공동체를 이루어야 합니다. 사람은 결코 혼자서는 예수님을 따라갈 수 없습니다. 왜냐하면 하나님은 처음부터 우리를 공동체로 부르셨기 때문입니다. 예수님의 첫 사역이 무엇이었는지 아시나요? 새로운 공동체를 이루기 위해서 제자들을 불러 모으신 것입니다. 그들은 함께 기쁨과 실망, 상처와 고통, 수고와 기도를 나누었습니다. 그리고 마침내 다락방에 모인 이들에게 주님의 성령이 임하자 그들은 복음으로 열방을 변화시키는 특별한 공동체가 되었습니다.

이처럼 예수님은 자신을 따르기로 결단한 사람들이 한 공동체를 이루어 서로의 본이 되고 세상의 본이 되기를 원하십니다. 이것이 바로 진정한 'Jesus 워너비'의 삶입니다.

초대교회에서는 공동체에 헌신하는 삶이 선택의 문제가 아니라 그리스도인의 삶의 표준이었습니다. 하나님이 우리를 가장 깊숙이 만나시는 곳은 하나님 나라와 서로에 대한 헌신을 최우선에 놓는 그리스도의 공동체입니다. 특히 요즘 같은 세상에서 그리스도를 따르는 자가 되려면 결코 혼자 그 일을 해낼 수가 없습니다. 연예인 워너비들이 팬덤(광신자)을 이루어 서로의 결속과 자신들의 스타를 지켜 내려 하듯이 우리도 모여야 합니다.

기억합시다. 'Jesus 워너비' 공동체는 하나님 나라의 본질이며 목표입니다. 서로가 거울이 되어 자신을 변화시키고 세상을 변화시키는 'Jesus 워너비'들의 헌신과 수고로 풍성해질 하나님 나라를 소망해 봅니다.

인생은
바라봄이다